ज्ञान दीप GK

स्परिंडिंग ड्रिम (SPREADING DREAMS)

This book is dedicated to my ideal sir suresh ji & all respected teachers , wherever you rech in your life , it's the hand of your teachers to make you . Today you are bored listening to those long lectures of prayers , but when you leave this school then you will also remember these prayer lactures . I was also like you , Talking from behind in prayer , I wish could live those days again.......................

One special thing where you are studing is not a school, it's the paradise that you may not get furuther , this school is a emotion, wherever you will go to study there mony matters , not your dreams nor emotions . All the friends you have made in this school are pure in heart

Yes, maybe one or two friends will be found who will be very bad, if possible, stay away from them (Fake Friends) , hope to see you.

I don't have much to give you yet this is a special gift for all of you .

~ Spreading Dreams

क्रम-सूची

प्रस्तावना — vii

1. History — 1
2. Geography — 5
3. Polity Gk — 9
4. Science — 14
5. Economic — 18
6. General Awareness — 22
7. Scince Mcq — 34
8. Question Ans You — 40
9. Some Unique — 43
10. Science Gk — 47
11. Mix — 54

Knowledge Of Rajasthan

12. राजस्थान हवेलियां बावडिया छतरियाँ Mcq — 117
13. राजस्थान में जातियाँ एंव जनजातियाँ — 121
14. राजस्थान की भाषा एंव बोलियाँ Mcq — 125
15. राजस्थान की प्रमुख चित्रकला — 129
16. राजस्थान के लोक देवता — 134
17. राजस्थान के प्रमुख मेले एंव पशु मेले — 138
18. राजस्थान के प्रमुख रीति रिवाज — 142
19. राजस्थान के प्रमुख आभूषण — 146
20. राजस्थान के संत एंव सम्प्रदाय — 150
21. राजस्थान के प्रमुख मन्दिर — 154
22. राजस्थान के प्रमुख हस्तकला — 158
23. राजस्थान की विशेष वेशभूषा — 161
24. राजस्थान के दुर्ग — 165
25. राजस्थान के प्रमुख वाद्य यंत्र — 169

क्रम-सूची

26. Most Important Questions 01 — 173

27. Rajasthan Gk One Line Questions — 197

High Knowledge MiX

28. राजस्थान के प्रमुख किसान आंदोलन — 207

29. राजस्थान जनजाति आन्दोलन — 211

30. राजस्थान का एकीकरण- I — 216

31. राजस्थान का एकीकरण- Ii — 222

32. राजस्थान की लोकदेवता और लोकदेवियां - I — 226

33. राजस्थान की लोकदेवता और लोकदेवियां - Ii — 231

34. राजस्थान का साहित्य — 235

35. राजस्थान आभूषण — 241

प्रस्तावना

Acknowledgements

To accomplishment, however big or small, is possible without the support of one's friends and the Almighty, book may have been authored by me, but could not have been possible without the support of many people.

My friends and family have always been special to me,always encouraging me to chase my dreams. My friend navrang and my brother have been the biggest inspirations in my life.

Thanks to my friend navrang sharma , readers and critics for showering me with so much love and affection for my this book. My Beloved's great Plans. Each review and email that came to me mattered. Frankly, I had never thought I would pen down another one, but your support and encouragement made it happen. I look forward to hearing from all of you again.

And finally, each time I was stuck with my words or faced any kind of dilemma, my faith and believe in myself helped me go the extra mile. Thank you

1

History

1. सम्राट अशोक के शिलालेखों को पढ़ने वाला प्रथम अंग्रेज़ कौन था ?

उतर :- जेम्स प्रिंसेप

2. महावीर स्वामी ने 'जैन संघ' की स्थापना कहाँ की थी ?

उतर :- पावापुरी

3. किस विदेशी दूत ने स्वयं को 'भागवत' घोषित किय था ?

उतर :- हेलिओडोरस

4. वैदिक कालीन लोगों ने सर्वप्रथम किस धातु का प्रयोग किया ?

उतर :- ताँबा

5. किस वेद की रचना गद्य एवं पद्य दोनों में की गई है ?

उतर :- यजुर्वेद

6. किस व्यक्ति को 'बिना ताज का बादशाह' कहा जाता है ?

उतर :- सुरेन्द्रनाथ बनर्जी

7. हड़प्पा काल में ताँबे के रथ की खोज किस स्थान से हुई थी ?

उतर :- दैमाबाद (महाराष्ट्र)

8. महावीर स्वामी 'यती' कब कहलाए ?

उतर :- घर त्यागने के बाद

9. मोहन जोदड़ो के स्नानागार के पश्चिम में स्थित स्तूप का निर्माण किस काल में किया गया था ?

उतर :- कुषाण काल

10. हड़प्पा सभ्यता के किस पुरास्थल को 'सिंध का बाग़' या 'मृतकों का टीला' कहा गया है ?

उतर :- मोहनजोदाड़ो

11. ऐसा कौन – सा प्रथम सूफी संत था , जिसने अपने आपको अनलहक घोषित किया था ?

उत्तर :- मंसूर हल्लाज

12. " हिन्दुस्तान तलवार के ज़ोर पर जीता गया था " यह कथन किसका है ?

उत्तर :- लॉर्ड एलगिन द्वितीय

13. विष्णु के दस अवतारों की जानकारी का स्रोत किस पुराण में है ?

उत्तर :- मत्स्य पुराण

14. बौद्ध धर्म की किस शाखा में मंत्र , हठयोग एवं तान्त्रिक आचारों को प्रधानता दी गई है ?

उत्तर :- वज्रयान

15. प्रसिद्ध ' विजयविट्ठल मन्दिर ' , जिसके 56 तक्षित स्तंभ से संगीतमय स्वर निकालते हैं , कहाँ अवस्थित है ?

उत्तर :- हम्पी (कर्नाटक)

16. किस शासक ने चित्तौड़ के 'कीर्ति स्तम्भ' का निर्माण करवाया था ?

उत्तर :- राणा कुम्भा

17. 'इण्डिया डिवाइडेड' नाम की पुस्तक के लेखक कौन थे ?

उत्तर :- डॉ राजेंद्र प्रसाद

18. शेरशाह के बाद और अकबर से पहले दिल्ली पर राज करने वाले हिन्दू राजा का नाम क्या था ?

उत्तर :- हेमू

19. 'आर्य' शब्द का शाब्दिक अर्थ क्या है ?

उत्तर :- श्रेष्ठ या कुलीन

20. 'चरक संहिता' नामक पुस्तक किस विषय से संबंधित है ?

उत्तर :- चिकित्सा

21. गुप्तकालीन प्रशासन में नगर के मुख्य अधिकारी को क्या कहा जाता था ?

उत्तर :- पुरपाल

22. किस राष्ट्रकूट शासक ने एलोरा के पर्वतों को काटकर प्रसिद्ध ' कैलाश मन्दिर ' का निर्माण करवाया था ?

उत्तर :- कृष्ण प्रथम

23. किस गुप्त सम्राट को 'विक्रमादित्य' के नाम से जाना जाता है ?

उत्तर :- चन्द्रगुप्त द्वितीय

24. गुप्तकालीन सोने की मुद्रा को क्या कहा जाता था ?

उत्तर :- दीनार

25. ऋग्वेद में उल्लिखित क़रीब 25 नदियों में से सर्वाधिक महत्त्वपूर्ण नदी कौन सी थी ?

उत्तर :- सरस्वती नदी

26. बाल गंगाधर तिलक को 'आधुनिक भारत का निर्माता' किसने कहा था ?

उत्तर :- महात्मा गाँधी

27. हैदराबाद नगर की स्थापना किसने की थी ?

उत्तर :- मुहम्मद कुली कुतुबशाह

28. ऋग्वैदिक आर्यों की भाषा क्या थी ?

उत्तर :- संस्कृत

29. महात्मा बुद्ध को किस नदी के तट पर ज्ञान प्राप्त हुआ था ?

उत्तर :- निरंजना नदी

30. कुषाण शासक 'कनिष्क' के निर्माण कार्यों का निरीक्षक अभियन्ता अधिकारी कौन था ?

उत्तर :- अगेसिलोस

31. जैन परम्परा के अनुसार जैन धर्म के 24वें एवं अंतिम तीर्थंकर कौन थे ?

उत्तर :- महावीर जैन

32. 'वैज्ञानिक समाज' की स्थापना किसने की थी ?

उत्तर :- सर सैयद अहमद खाँ

33. सातवाहन शासकों की राजकीय भाषा क्या थी ?

उत्तर :- प्राकृत

34. प्राचीन भारत में सर्वप्रथम किस वंश के शासकों ने ' द्वैध शासन प्रणाली ' की शुरुआत की ?

उत्तर :- कुषाण

35. सम्राट अशोक के पिता कौन थे ?

उत्तर :- बिन्दुसार

36. मोहन जोदड़ो की सबसे बड़ी इमारत कौन सी है ?

उत्तर :- अन्नागार

37. मुग़ल काल में किस बन्दरगाह को 'बाबूल मक्का' (मक्का द्वार) कहा जाता था ?

उत्तर :- सूरत बंदरगाह

38. दिल्ली का पुराना किला किसके द्वारा बनवाया गया था ?

उत्तर :- शेरशाह सूरी

39. दिल्ली सल्तनत के किस सुल्तान ने ' तुर्कान – ए चिहालगानी ' की स्थापना की थी ?

उत्तर :- इल्तुतमिश

40. चन्देलों की राजधानी कहाँ स्थित थी ?

उत्तर :- खजुराहो (भोपाल)

41. हड़प्पा के मिट्टी के बर्तनों पर सामान्यत: किस रंग का उपयोग हुआ था ?

उत्तर :- लाल रंग

42. बौद्धों के कौन से ग्रंथ को गीता के समान पवित्र मानी जाती है ?

उत्तर :- धम्मपद

43. चाणक्य का अन्य नाम क्या था ?

उत्तर :- विष्णुगुप्त

44. चरक और नागार्जुन किसके दरबार की शोभा थे ?

उत्तर :- कनिष्क

45. दिल्ली सल्तनत की स्थापना कब हुई ?

उत्तर :- 1206

46. किस मुस्लिम शासक की मृत्यु घोड़े से गिरने के कारण हुई थी ?

उत्तर :- कुतुबुद्दीन ऐबक

47. किस विद्वान ने प्रसिद्ध ग्रंथ 'शाहनामा' की रचना की ?

उत्तर :- फ़िरदौसी

48. महात्मा गाँधी ने सत्याग्रह सबसे पहले कहाँ शुरू किया ?

उत्तर :- चंपारण

49. भारतीय राष्ट्रीय काँग्रेस के सबसे अधिक समय तक अध्यक्ष कौन रहे ?

उत्तर :- अबुल कलाम आज़ाद

50. भारत एवं पाकिस्तान का विभाजन किस योजना के तहत हुआ था –

उत्तर :- माउंट बेंटन योजना

2

GEOGRAPHY

1. भारत का क्षेत्रफल कितना है ?

उत्तर :- 3287263 वर्ग किमी

2. भारत का क्षेत्रफल सम्पूर्ण विश्व के क्षेत्रफल का कितना प्रतिशत है ?

उत्तर :- 2.42 %

3. जनसंख्या की दृष्टि से भारत का विश्व में _______ स्थान है ?

उत्तर :- दूसरा

4. भारत का उत्तर से दक्षिण तक विस्तार कितना किलोमीटर है ?

उत्तर :- 3214 किमी

5. भारत का पूर्व से पश्चिम तक का विस्तार कितना किलोमीटर है ?

उत्तर :- 2933 किमी

6. भारत के स्थलीय सीमा की कुल लंबाई कितनी है ?

उत्तर :- 15,200 किमी.

7. भारत के तटीय भाग कुल की लंबाई कितनी है ?

उत्तर :- वर्ग किलोमीटर

8. भारत के कितने राज्यों से होकर कर्क रेखा गुजरती है ?

उत्तर :- 8

9. भारत का सबसे लंबा तटरेखा वाला राज्य कौन सा है ?

उत्तर :- गुजरात

10. भारत और विश्व का सबसे बड़ा डेल्टा कौनसा है ?

उत्तर :- सुन्दरवन डेल्टा

11. किस नदी को असम का शोक कहा जाता है ?

उत्तर :- ब्रह्मपुत्र नदी

12. किस झील में दुनिया का एकमात्र तैरता हुआ राष्ट्रीय उद्यान स्थित है ?

उत्तर :- लोकटक झील (मणिपुर)

13. उत्तराखंड के किस भाग में पाताल तोड़ कुएं पाए जाते है ?

उत्तर :- तराई में

14. दुनिया की सबसे प्राचीन पर्वत श्रेणी, अरावली पर्वत श्रेणी किस राज्य में स्थित है ?

उत्तर :- राजस्थान

15. भारत की सबसे लंबी नदी कौन सी है जो समुद्र में प्रवाहित नहीं होती ?

उत्तर :- यमुना नदी

16. प्रायद्वीपीय भारत की एकमात्र बारहमासी बहने वाली नदी कौन सी है ?

उत्तर :- कावेरी नदी

17. उत्तराखंड राज्य की सबसे ऊँची पर्वत चोटी है ?

उत्तर :- नंदा देवी

18. भारत की सबसे ऊंची पर्वत चोटी का क्या नाम है ?

उत्तर :- K2 (गॉडविन ऑस्टिन- 8611 मीटर)

19. हिमालय की सबसे ऊँची पर्वत श्रेणी का क्या नाम है ?

उत्तर :- हिमाद्रि (बृहत हिमालय)

20. भारत का सबसे बड़ा जिला कौन सा है ?

उत्तर :- कच्छ, गुजरात (45.652 वर्ग किमी.)

21. भारत का सबसे छोटा जिला कौनसा है ?

उत्तर :- माहे, पुडुचेरी (9 वर्ग किमी)

21. भारत का सर्वाधिक नगरीकृत राज्य कौन सा है ?

उत्तर :- गोवा

22. सबसे कम नगरीकृत भारतीय राज्य कौन सा है ?

उत्तर :- हिमाचल प्रदेश

23. भारत का सर्वाधिक वन वाला राज्य कौन सा है ?

उत्तर :- मध्यप्रदेश

24. भारत का सबसे न्यूनतम वन वाला राज्य कौन सा है ?

उत्तर :- हरियाणा

25. किस नदी को दक्षिण भारत की गंगा कहा जाता है ?

उत्तर :- कावेरी नदी

26. विश्व की सबसे बड़ा नदी द्वीप कौन सा है ?

उत्तर :- माजुली द्वीप, असम

27. भारतीय मानक समय (IST) , ग्रीनविच समय से कितना आगे है ?

उत्तर :- + 5:30

28. आदम का पुल (Adam's bridge) भारत और किस देश के मध्य स्थित है ?

उत्तर :- श्रीलंका

29. भारत तथा चीन के बीच सीमा रेखा को _______ कहते है ?

उत्तर :- मैकमोहन रेखा

30. किस समझौते के तहतभारत और चीन के बीच स्थित मैकमोहन रेखा निर्धारित की गई थी ?

उत्तर :- शिमला समझौता, 1914

31. भारत की सबसे लम्बी अन्तराष्ट्रीय सीमा किस देश के साथ लगती है ?

उत्तर :- बांग्लादेश

32. किस शहर को दक्षिण भारत का मैनचेस्टर कहा जाता है ?

उत्तर :- कोयंबटूर

33. रिंग ऑफ फायर " ज्वालामुखी पर्वतमाला सामान्यतः किस महासागर में पाई जाती है ?

उत्तर :- प्रशांत महासागर

34. _______ भारत का सबसे बड़ा द्वीप समूह है ?

उत्तर :- अंडमान निकोबार द्वीप समूह

35. भारत का सबसे छोटा द्वीप समूह कौन सा है ?

उत्तर :- लक्षद्वीप (32 वर्ग किमी)

36. भारत का सबसे ऊँचा दर्रा कौनसा है ?

उत्तर :- काराकोरम दर्रा

37. कौनसा दर्रा शिमला को तिब्बत से जोड़ता है ?

उत्तर :- शिपकीला दर्रा

38. किस दर्रे में जवाहर सुरंग स्थित है ?

उत्तर :- बनिहाल दर्रा

39. जब बारिश और हिमपात एक साथ होता है उस अवस्था को क्या कहते हैं ?

उत्तर :- स्लीट

40. _______ को सफेद हाथियों का देश भी कहते है ?

उत्तर :- थाईलैंड

41. वायुमण्डल की सबसे निचली परत को कहते है ?

उत्तर :- ट्रोपोस्फीयर

42. उतर भारत में उप हिमालय क्षेत्र के सहारे फैले समतल मैदान को कहा जाता है ?

उत्तर :- भाबर

43. डेथ वैली / मौत की घाटी किस मरुस्थल में स्थित है ?

उत्तर :- मौजावे मरुस्थल

44. नारियल के उत्पादन में भारत का विश्व में कौन – सा स्थान है ?

उत्तर :- तृतीय

45. भारत के किस राज्य में सर्वाधिक चावल का उत्पादन होता है ?

उत्तर :- पश्चिम बंगाल

46. भारत का कौनसा राज्य सर्वाधिक खाद्यान्न का उत्पादन करता है ?

उत्तर :- उत्तर प्रदेश

47. भारत में सर्वाधिक किस फसल की खेती होती है ?

उत्तर :- धान

48. भारत में काजू का सबसे बड़ा उत्पादक राज्य कौन है ?

उत्तर :- महाराष्ट्र

49. भारत में हरित क्रांति का जनक कौन है ?

उत्तर :- डॉ. एम. एस. स्वामीनाथन

50. भारत का सबसे बड़ा सोयाबीन उत्पादक राज्य है ?

उत्तर :- मध्य प्रदेश

3

POLITY GK

1. लोकसभा अध्यक्ष अपना त्यागपत्र किसे देते हैं ?

उतर :- लोकसभा उपाध्यक्ष को

2. भारतीय संविधान के मौलिक कर्तव्य को किस देश के संविधान से लिया गया है ?

उतर :- रूस

3. नए राज्य की स्वीकृति भारतीय संघ में कौन देता है ?

उस :- संसद

4. राजनीतिक दल, पार्टी अध्यक्, सरकार और राष्ट्रपति में से किसके द्वारा राज्य संचालित होता है ?

उतर :- पार्टी अध्यक्ष

5. किसे अखिल भारतीय सेवाओं के लिए सृजन की शक्ति प्राप्त है ?

उतर :- भारत की संसद को

6. किस संविधान संशोधन के द्वारा भारत में वोट डालने की उम्र 21 वर्ष से घटाकर 18 वर्ष की गई थी ?

उतर :- 61 वा संविधान संशोधन

7. 61 वें संविधान संशोधन के तहत किस वर्ष वोट डालने की उम्र को 21 वर्ष से घटाकर 8 वर्ष की गई थी ?

उतर :- 1989 में

8. किस संविधान संशोधन के द्वारा भारतीय संविधान की प्रस्तावना में समाजवादी और धर्मनिरपेक्ष शब्द को जोड़ा गया ?

उतर :- 42वां संविधान संशोधन

9. भारतीय संविधान में शामिल नीति निर्देशक सिद्धांत किस देश के संविधान से लिया गया है ?

उतर :- आयरलैंड

10. हमारे भारत में संसद के दो सत्रों के बीच अधिकतम कितने समय का अंतराल होता है ?

उत्तर :- 6 महीने का

11. भाषाई आधार पर सर्वप्रथम किस भारतीय राज्य का निर्माण हुआ ?

उत्तर:- आंध्र प्रदेश

12. भारत में सर्वप्रथम भाषाई आधार पर आंध्र प्रदेश राज्य की स्थापना कब हुई ?

उत्तर :- 1 नवंबर 1956 को

13. भारतीय संविधान के निर्माण के समय भारतीय संविधान में कुल कितनी अनुसूचियां, अनुच्छेद और भाग थे ?

उत्तर :- 8 अनुसूचियां, 395 अनुच्छेद और 22 भाग

14. वर्तमान समय में भारतीय संविधान में कुल कितनी अनुसूचियां, अनुच्छेद और भाग है ?

उत्तर :- वर्तमान समय में भारत संविधान में कुल 12 अनुसूचियां, 395 अनुच्छेद और 22 भाग है।

15. भारतीय संविधान के निर्माता कहे जाने वाले डॉक्टर भीमराव अंबेडकर ने संविधान के किस अनुच्छेद को संविधान की आत्मा और उसका हृदय कहा है ?

उत्तर :- अनुच्छेद 32

16. लोकसभा के लिए देश में प्रथम आम चुनाव किस वर्ष हुआ था ?

उत्तर :- 1952 में

17. लोकसभा का पहला सत्र कब आयोजित किया गया था ?

उत्तर :- 13 मई 1952 को

18. कौन सा भारतीय उच्च न्यायालय दुनिया का दूसरा सबसे बड़ा न्यायिक परिसर है ?

उत्तर :- मद्रास उच्च न्यायालय

19. अगर भारत का राष्ट्रपति अपना इस्तीफा देना चाहिए तो वे अपना इस्तीफा पत्र किसे संबोधित करेंगे ?

उत्तर :- भारत के उपराष्ट्रपति को

20. लोकसभा में अनुसूचित जनजातियों के लिए किस राज्य में सर्वाधिक आरक्षित सीटें हैं ?

उत्तर :- मध्य प्रदेश

21. भारत में सूचना का अधिकार अधिनियम पूर्ण रूप से कब लागू हुआ था ?

उत्तर :- अक्टूबर 2005 को

22. भारत में सूचना का अधिकार अधिनियम किस राज्य / केंद्र शासित प्रदेश को छोड़कर सभी में लागू होता है ?

उत्तर :- जम्मू और कश्मीर

23. भारत का राष्ट्रपति संसद के लिए एंग्लो इंडियन कमेटी के कितने सदस्यों को नामित कर सकता है ?

उत्तर :- अधिकतम 2 सदस्यों को

24. भारत में सभी केंद्र शासित प्रदेशों के लिए लोकसभा में कितनी सीटें आरक्षित की गई है ?

उत्तर :- 20

25. भारतीय संविधान में कुल कितने मूलभूत कर्तव्य है ?

उत्तर :- 11

26. भारत में इलेक्ट्रॉनिक वोटिंग मशीन का इस्तेमाल सबसे पहले कब और कहां किया गया था ?

उत्तर :- सन 1982 में केरल में

27. भारत में स्थापित प्रथम नगर निगम कौन सा था ?

उत्तर :- चेन्नई नगर निगम

28. सन् 1959 में किस राज्य ने पहली बार पंचायती राज को अपनाया ?

उत्तर :- राजस्थान

29. भारतीय संसद में स्थयी समितियों की कुल संख्या कितनी है ?

उत्तर :- 45

30. अगर कोई व्यक्ति भारतीय नागरिकता प्राप्त करने के लिए आवेदन करना चाहता है तो उसे पहले भारत में कितनी अवधि के लिए रहना होगा ?

उत्तर :- 5 वर्ष

31. भारतीय संविधान के निर्माण के समय मूल रूप से संविधान द्वारा क्षेत्रीय भाषाओं के रूप में कितनी भाषाओं को मान्यता प्राप्त थी ?

उत्तर :- 14

32. भारतीय संविधान का कौन सा अनुच्छेद भारत में राष्ट्रपति का प्रावधान देता है ?

उत्तर :- अनुच्छेद 52

33. भारतीय संविधान का कौन सा अनुच्छेद भारत के राष्ट्रपति को राष्ट्रपति शासन लागू करने की शक्ति देता है ?

उत्तर :- अनुच्छेद 356

34. किस भारतीय प्रधानमंत्री के काल में संपत्ति के अधिकार को मौलिक अधिकारों की सूची से हटा दिया गया ?

उत्तर :- मोरारजी देसाई

35. भारत में तीसरा आपातकाल किस वर्ष लागू हुआ था तथा यह कब से कब तक चला ?

उत्तर :- भारत में तीसरा आपातकाल वर्ष 1975 को लागू हुआ था यह आपातकाल 25 जून 1975 से 21 मार्च 1977 तक रहा।

36. भारत में अब तक कितनी बार राष्ट्रीय आपातकाल लागू किया जा चुका है ?

उत्तर :- तीन बार

37. भारत में प्रथम आपातकाल कब लागू हुआ था ?

उत्तर :- भारत में प्रथम आपातकाल 26 अक्टूबर 1962 को भारत- चीन युद्ध के समय लागू हुआ था।

38. भारत में पंचायती राज्य व्यवस्था के मध्यवर्ती स्तर को क्या कहा जाता है ?

उत्तर :- पंचायत समिति

39. भारत में पहली बार राष्ट्रपति शासन किस भारतीय राज्य में लगाया गया था ?

उत्तर :- राजस्थान

40. भारत का राष्ट्रपति देश में वित्तीय आपातकाल लगा सकता है इसका प्रावधान भारतीय संविधान के किस अनुच्छेद में है ?

उत्तर :- अनुच्छेद 360

41. मौलिक अधिकारों के अंतर्गत भारतीय संविधान का कौन सा अनुच्छेद बच्चों के शोषण से संबंधित है ?

उत्तर :- अनुच्छेद 24

42. भारत के प्रथम स्पीकर कौन थे जिनके विरुद्ध भारतीय लोकसभा में अविश्वास प्रस्ताव लाया गया ?

उत्तर :- जी.वी. मावलंकर

43. भारत एक गणतंत्र देश है इसका अर्थ क्या है ?

उत्तर :- भारत में कोई भी वंशानुगत शासन नहीं है।

44. भारत की संविधान सभा द्वारा भारत को एक संविधान देने का प्रस्ताव कब पारित क्या गया था ?

उत्तर :- 22 जनवरी 1947 को

45. किस मिशन के अंतर्गत भारतीय संविधान के निर्माण का प्रस्ताव बनाया गया था ?

उत्तर :-क्रिप्स मिशन

46. भारतीय संविधान सभा के प्रथम निर्वाचित अध्यक्ष कौन थे ?

उत्तर :- डॉ. राजेंद्र प्रसाद

47. संविधान सभा द्वारा भारत को संविधान देने का संकल्प कब स्वीकार किया गया था ?

उत्तर :- 20 फरवरी 1947 को

48. संविधान सभा के प्रांतीय संविधान समिति के अध्यक्ष कौन थे ?

उत्तर :- सरदार वल्लभभाई पटेल

49. भारत का संविधान कब से लागू हुआ था ?

उत्तर :- 26 जनवरी 1950

50. भारत के राष्ट्रीय प्रतीक को भारत सरकार द्वारा कब अपनाया गया ?

उत्तर :- 26 जनवरी 1950

स्परिंडिंग ड्रिम (SPREADING DREAMS)

49. भारत का संविधान कब से लागू हुआ था ?

उत्तर :- 26 जनवरी 1950

50. भारत के राष्ट्रीय प्रतीक को भारत सरकार द्वारा कब अपनाया गया ?

उत्तर :- 26 जनवरी 1950

4

SCIENCE

1. विज्ञान का पिता या विज्ञान का जनक किसे कहा जाता है ?

उत्तर :- गैलीलियो गैलीली

2. निकट दृष्टि दोष से पीड़ित व्यक्ति के इलाज के लिए किस लेंस का प्रयोग किया जाता है ?

उत्तर :- अवतल लेंस

3. किसी लेंस की क्षमता उसके _______ से निर्धारित की जाती है ?

उत्तर :- डायऑप्टर के द्वारा

4. किस रंग की तरंगधैर्य सबसे अधिक होती है ?

उत्तर :- लाल

5. किस वैज्ञानिक ने गुरुत्वाकर्षण का सिद्धांत दिया था ?

उत्तर :- न्यूटन

6. किस यंत्र के द्वारा दूध की शुद्धता की माप की जाती है ?

उत्तर :- लेक्टोमीटर

7. गुब्बारे में मुख्यतः कौन सी गैस भरी जाती है ?

उत्तर :- हीलियम

8. किस रोग से प्रतिरक्षा के लिए बीसीजी का टीका दिया जाता है ?

उत्तर :- टी.वी.

9. किसकी उपस्थिति के कारण मूत्र का रंग हल्का सा पीला होता है ?

उत्तर :- यूरोक्रोम

10. लार की प्रकृति कैसी होती है ?

उत्तर :- क्षारीय

11. ब्लीचिंग पाउडर या विरंजक चूर्ण का रासायनिक सूत्र क्या है ?

उत्तर :- $CaOCl_2$

12. सोडियम कार्बोनेट का व्यापारिक नाम क्या है ?

उत्तर :- धोबन सोडा

13. सोनोग्राफी में किस प्रकार की तरंगो का प्रयोग किया जाता है ?

उत्तर :- पराश्रव्य तरंगों का

14. डायनासोर किस कसेरूकी वर्ग से संबंधित है ?

उत्तर :- सरीसृप

15. बर्फ जल में तैरता है क्यो-

उत्तर :- बर्फ का घनत्व जल के घनत्व से कम होता है

16. किस यंत्र के द्वारा वायुमंडलीय दाब की माप की जाती है ?

उत्तर :- बैरोमीटर

17. रेफ्रिजरेटर में कौन सी गैस शीतलन के लिए उतरदाई है ?

उत्तर :- फ्रिऑन

18. किस धातु को भविष्य का धातु (Future metal) कहा जाता है ?

उत्तर :- टाइटेनियम

19. पृथ्वी पर उपलब्ध सबसे कठोरतम पदार्थ कौन सा है ?

उत्तर :- हीरा

20. लोहे में जंग लगने से उसके भार में क्या परिवर्तन होता है ?

उत्तर :- भार बढ़ जाता है।

21. कौन सा विटामिन जल में घुलनशील है ?

उत्तर :- विटामिन B और विटामिन C

22. हमारे शरीर में लाल रुधिर कणिकाओं का निर्माण कहां होता है ?

उत्तर :- अस्थिमज्जा में

23. किस विटामिन की कमी के कारण जनन क्षमता में कमी होती है ?

उत्तर :- विटामिन E

24. दूध के फटने से कौन से अम्ल का निर्माण होता है ?

उत्तर :- लैक्टिक अम्ल

25. हृदय के विकार का पता लगाने के किस यंत्र का प्रयोग किया जाता है ?

उत्तर :- इलेक्ट्रोकॉर्डियोग्राफ

26. मलेरिया रोग में शरीर का कौन सा अंग प्रभावित होता है ?

उत्तर :- प्लीहा

27. हमारे शरीर में किसकी कमी के कारण मधुमेह रोग होता है ?

उत्तर :- इंसुलिन

28. प्राय स्तनधारियों में कितने कक्षीय हृदय क्या पाए जाते हैं ?

उत्तर :- 4

29. दांतो एवं हड्डियों में मुख्यतः कौन सा तत्व पाया जाता है ?

उत्तर :- कैल्शियम और फास्फोरस

30. एक व्यस्क मनुष्य के शरीर में कुल कितनी हड्डियां पाई जाती है ?

उत्तर :- 206

31. कौन मानव शरीर के हड्डियों और पेशियों को आपस में जोड़ता है ?

उत्तर :- टेंडन

32. मानव शरीर में पाचन का उत्पादन किस अंग में संपन्न होता है ?

उत्तर :- छोटी आंत

33. मनुष्य के जीवनकाल में कुल कितने दांत दो बार विकसित होते हैं ?

उत्तर :- 20

34. लार में कौन सा एंजाइम पाया जाता है ?

उत्तर :- टाइलिन

35. कौन सी धातु जल के साथ आसानी से अभिक्रिया करती है

उत्तर :- पोटेशियम

36. आधुनिक आवर्त सारणी के किस समूह में पूर्ण संयोजी कोश और रासायनिक रूप से निष्क्रिय तत्व होते हैं ?

उत्तर :- 18 वें

37. जहाजों में इकोलोकेशन का उपयोग क्या मापने के लिए किया जाता है ?

उत्तर :- पानी की गहराई

38. किसी निकाय को एक समान वृत्तीय गति में चलाने के लिए आवश्यक नियत बल को क्या कहा जाता है ?

उत्तर :- अभिकेंद्रीय बल

39. किसी तत्व का इलेक्ट्रॉनिक विन्यास 2, 8, 5 है उस तत्व का क्या नाम है ?

उत्तर :- फास्फोरस

40. माता एवं पिता में किसके गुणसूत्रों से बच्चों के लिंग का निर्धारण होता है ?

उत्तर :- पिता के गुणसूत्र से

41. ठोस कोयला को तरल हाइड्रोकार्बन में परिवर्तित करने की प्रक्रिया को क्या कहा जाता है ?

उत्तर :- द्रवीकरण

42. जब एक मूल ध्वनि एक प्रतिबाधा द्वारा परावर्तित होकर हमारे कानों तक पहुंचती है तो प्रतिध्वनि कितने समय के बाद सुनाई देती है ?

उत्तर :- 0.1 सेकंड

43. किस वैज्ञानिक ने यह सुझाव दिया था कि तत्व के प्रतीक को तत्व के नाम के एक या दो अक्षरों से बनाया जा सकता है ?

उत्तर :- वर्जिलियस

44. गति का दूसरा समीकरण किसके बीच संबंधो को दर्शाता है ?

उत्तर :- स्थिति और समय

45. जब हम एक पेड़ की शाखा को तेजी से हिलाते है तो उसकी कुछ पत्तियां पेड़ से अलग हो जाती है यह किसके कारण होता है ?

उत्तर :- जड़त्व

46. किसकी अनुपस्थिति में अवायवीय श्वसन होता है ?

उत्तर :- ऑक्सीजन

47. आधुनिक आवर्त सारणी में कितने आवर्त एवं कितने समूह मौजूद हैं ?

उत्तर :- 7 आवर्त और 18 समूह

48. माता रोगाणु कोशिकाएं किसमें निर्मित होती है ?

उत्तर :- अंडाशय में

49. इथेनॉइक एसिड का सामान्य नाम क्या है ?

उत्तर :- एसिटिर एसिड

50. हमारा वायुमंडल कितने परतो में बँटा हुआ है ?

उत्तर :- 5 परतों में

5

ECONOMIC

1. आधुनिक अर्थशास्त्र का जनक या पिता किसे कहा जाता है ?

उत्तर:- एडम स्मिथ

2. अर्थशास्त्र की रचना किसने की ?

उत्तर:- चाणक्य

3. मिश्रित अर्थव्यवस्था का क्या अर्थ होता है ?

उत्तर :- सरकारी और निजी क्षेत्र का सहआस्तित्व

4. किस अंतरराष्ट्रीय संस्था द्वारा मानव विकास रिपोर्ट जारी किया जाता है ?

उत्तर :- संयुक्त राष्ट्र विकास कार्यक्रम

5. राष्ट्रीय स्तर पर भारत में प्रतिवर्ष कौन आर्थिक सर्वेक्षण रिपोर्ट प्रकाशित करता है ?

उत्तर :- वित्त मंत्रालय

6. किसी देश में उत्पादित किए गए संपूर्ण सामान और सेवाओं का मूल्य क्या कहलाता है ?

उत्तर :- सकल घरेलू उत्पाद

7. सकल राष्ट्रीय उत्पाद प्राप्त किया जाता है ?

उत्तर :- सकल घरेलू उत्पाद + विदेशों से प्राप्त निवल कारक आय द्वारा

8. किस संगठन के द्वारा भारत में राष्ट्रीय आय की गणना की जाती है ?

उत्तर :- भारतीय सांख्यिकी संगठन

9. अर्थशास्त्र धन का विज्ञान है यह कथन किसका है ?

उत्तर :- एडम स्मिथ

10. पूंजीवादी अर्थव्यवस्था का मुख्य लक्षण क्या है ?

उत्तर :- निजी स्वामित्व

11. बंद अर्थव्यवस्था वह अर्थव्यवस्था है जिसमें –

उत्तर :- ना तो आयात होता है और ना ही निर्यात होता है

12. भारत में राष्ट्रीय आय का आकलन सर्वप्रथम किसने किया था ?

उत्तर :- दादाभाई नैरोजी

13. भारतीय अर्थव्यवस्था किस प्रकार की अर्थव्यवस्था का उदाहरण है ?

उत्तर :- मिश्रित अर्थव्यवस्था

14. भारत में पहली पंचवर्षीय योजना की शुरुआत कब की गई थी ?

उत्तर :- 1 अप्रैल 1951 को

15. प्रथम पंचवर्षीय योजना का मुख्य लक्ष्य क्या था ?

उत्तर :- कृषि क्षेत्र का विकास

16. भारत में पंचवर्षीय योजना का अंतिम प्रारूप कौन अनुमोदित करता है ?

उत्तर :- योजना आयोग

17. किस पंचवर्षीय योजना के तहत भारत में राष्ट्रीय कृषि और ग्रामीण विकास बैंक की स्थापना की गई थी ?

उत्तर :- छठी पंचवर्षीय योजना

18. भारत के राष्ट्रीय आय में किस क्षेत्र का सर्वाधिक योगदान है ?

उत्तर :- सेवा क्षेत्र

19. भारत में अधिकतम कर आय की प्राप्ति किस कर से होती है ?

उत्तर :- निगम कर से

20. प्रत्यक्ष करों में किस कर से भारत सरकार को सबसे अधिक आय की प्राप्ति होती है ?

उत्तर :- आय कर से

21. राष्ट्रीय विकास परिषद का गठन किस वर्ष किया गया था ?

उत्तर :- 1952

22. सरकार द्वारा पुरानी मुद्राओं को समाप्त करके नई मुद्राओं का संचालन क्या कहलाता है ?

उत्तर :- विमुद्रीकरण

23. आर्थिक विकास की दृष्टि से भारत किस प्रकार का राष्ट्र है ?

उत्तर :- विकासशील राष्ट्र

24. भारत का राष्ट्रीय बैंक कौन सा है ?

उत्तर :- भारतीय रिजर्व बैंक

25. भारत में मौद्रिक नीति किसके द्वारा लागू की जाती है ?

उत्तर :- भारतीय रिजर्व बैंक

26. भारत में बैंकों का राष्ट्रीयकरण पहली बार किस वर्ष किया गया था ?

उत्तर :- सन् 1969 में

27. भारत में मानव विकास रिपोर्ट जारी करने वाला भारत का पहला राज्य कौन सा है ?

उत्तर :- मध्यप्रदेश

28. मानव विकास सूचकांक किसके द्वारा जारी किया जाता है ?

उत्तर :- विश्व बैंक

29. मानव विकास सूचकांक किस अर्थशास्त्री की देन है ?

उत्तर :- महबूब उल हक

30. किस संगठन के द्वारा भारत में बेरोजगारी के आंकड़े जारी किया जाता है ?

उत्तर :- राष्ट्रीय नमूना सर्वेक्षण संगठन

31. बाजार अर्थव्यवस्था वह अर्थव्यवस्था है जो –

उत्तर :- सरकारी नियंत्रण से मुक्त होता है।

32. भारत में नियोजित अर्थव्यवस्था किसपर आधारित है ?

उत्तर :- मिश्रित अर्थव्यवस्था पर

33. कौन सी संस्था अंतरराष्ट्रीय व्यापार संबंधी नियमों को निर्धारित करता है ?

उत्तर :- विश्व बैंक

34. भारत में राष्ट्रीय आय समिति का गठन किस वर्ष किया गया था ?

उत्तर :- सन् 1949 में

35. उपभोक्ता जागरूकता आंदोलन की शुरुआत सर्वप्रथम किस देश में हुई थी ?

उत्तर :- इंग्लैंड

36. किसे उपभोक्ता आंदोलन का प्रवर्तक माना जाता है ?

उत्तर :- रॉल्फ नादर

37. प्रत्येक वर्ष उपभोक्ता अधिकार दिवस किस दिन मनाया जाता है ?

उत्तर :- 15 मार्च

38. भारत में प्रच्छन्न बेरोजगारी सामान्यतः किस क्षेत्र में पाई जाती है ?

उत्तर :- कृषि क्षेत्र में

39. किसे भारतीय अर्थव्यवस्था के उदारीकरण का अग्रदूत कहा जाता है ?

उत्तर :- डॉ मनमोहन सिंह

40. उपभोक्ताओं के अधिकार एवं सुरक्षा के लिए संयुक्त राष्ट्र संघ ने किस वर्ष सिद्धांत निर्धारित किया ?

उत्तर :- 1985

41. राष्ट्रीय उपभोक्ता दिवस भारत में प्रत्येक वर्ष किस दिन मनाया जाता है ?

उत्तर :- 24 दिसंबर

42. भारतीय अर्थव्यवस्था को कितने क्षेत्रों में विभाजित किया गया ?

उत्तर :- तीन क्षेत्रों में (प्राथमिक क्षेत्र द्विवतीयक क्षेत्र एवं तृतीयक क्षेत्र)

43. भारत के सकल घरेलू उत्पाद में किस क्षेत्र का सर्वाधिक योगदान है ?

उत्तर :- तृतीयक क्षेत्र

44. भारत में प्रथम क्षेत्रीय ग्रामीण बैंक की स्थापना किस वर्ष की गई थी ?

उत्तर :- सन् 1975 में

45. भारतीय औद्योगिक वित्त निगम की स्थापना किस वर्ष की गई थी ?

उत्तर :- सन् 1948 में

46. भारत में हरित क्रांति का जनक किसे माना जाता है ?

उत्तर :- एम. एस. स्वामीनाथन

47. जनसंख्या वृद्धि से आर्थिक विकास की गति में क्या प्रभाव पड़ता है ?

उत्तर :- आर्थिक विकास की गति मापी जाती है।

48. किसने गरीबी के कुचक्र को परिभाषित किया था ?

उत्तर :- रैगनर नक्र्स

49. अर्थशास्त्र के क्षेत्र में लॉरेंज वर्कर करता दर्शता है ?

उत्तर :- आय वितरण

50. उस अवस्था को करता कहते हैं जिसमें मुद्रा की मूल्य घट जाता है तथा वस्तु की कीमतें बढ़ जाती है ?

उत्तर :- मुद्रास्फीति

6
General Awareness

(1) संघवाद के संस्थागत तंत्र में कितनी राज्य व्यवस्थाएं होती है?

(a) दो

(b) तीन

(c) एक

(d) चार

Answer- a

(2) सर्वोच्च न्यायालय के न्यायाधीश को हटाने के लिए 108 संसद सदस्यों द्वारा हस्ताक्षरित प्रस्ताव पहली बार किस वर्ष में लाया गया था?

(a) 1991 में

(b) 1996 में

(c) 1978 में

(d) 1984 में

Answer- a

(3) पंचायती राज संरचना में कितने स्तर होते हैं?

(a) दो

(b) तीन

(c) पांच

(d) चार

Answer- b

(4) भारत के संविधान के अनुसार, 'पशुधन और पशुपालन' का विषय ___________ में शामिल है।

(a) समवर्ती सूची

(b) संघ सूची

(c) अवशिष्ट सूची

(d) राज्य सूची

Answer- d

(5) भारत के संविधान के किस अनुच्छेद में कहा गया है कि 'भारत के क्षेत्र में सभी प्राधिकरण, नागरिक और न्यायिक, सर्वोच्च न्यायालय के सहायक के रूप में कार्य करेंगे'?

(a) अनुच्छेद 137

(b) अनुच्छेद 144

(c) अनुच्छेद 121

(d) अनुच्छेद 157

Answer- b

(6) लोकसभा में किसी विशेष दिन पर चर्चा के लिए स्वीकृत मौखिक उत्तरों के लिए तारांकित प्रश्नों की अधिकतम संख्या कितनी होती है?

(a) 12

(b) 15

(c) 20

(d) 10

Answer- c

(7) राष्ट्रपति के चुनाव से उत्पन्न सभी संदेहों और विवादों की जाँच करने और निर्णय लेने का अधिकार किस को प्राप्त है?

(a) दिल्ली के उच्च न्यायालय को

(b) राज्यसभा के सभापति को

(c) लोकपाल को

(d) सर्वोच्च न्यायालय को

Answer- d

(8) राष्ट्रपति लिखित रूप से किस को संबोधित करते हुए अपने पद से त्याग-पत्र दे सकते हैं?

(a) उप राष्ट्रपति को

(b) मुख्य चुनाव आयुक्त को

(c) भारत के प्रधान मंत्री को

(d) लोकसभा अध्यक्ष को

Answer- a

(9) प्रत्येक पंचायत, जब तक कि किसी भी क़ानून के लागू होने के तुरंत बाद कुछ समय के लिए भंग न हो जाए, अपनी पहली बैठक के लिए नियुक्त तिथि से __________ वर्ष /वर्षों तक जारी रहेगी और उसके बाद नहीं।

(a) पाँच

(b) तीन

(c) एक

(d) दो

Answer- a

(10) भारत के संविधान का भाग IV स्पष्ट रूप से राज्य से निम्नलिखित में से किस के प्रति सुरक्षा देने की आशा नहीं करता है?

(a) समान कार्य के लिए समान वेतन

(b) आजीविका के पर्याप्त साधन

(c) धन और उत्पादन के साधनों का कोई संकेंद्रण नहीं

(d) नौकरीपेशा महिलाओं के लिए मातृत्व अवकाश

Answer- d

(11) निम्नलिखित में से वह कौन सा पहला क्षेत्र था जो स्वतंत्रता के बाद भारत का अंग बना?

(a) सिक्किम

(b) गोवा

(c) पुड्ुचेरी

(d) दादरा और नगर हवेली

Answer- d

(12) भारत के सर्वोच्च न्यायालय द्वारा की गई व्याख्या के अनुसार, फ़ोन कॉल का दोहन (टैपिंग) संविधान के अनुच्छेद ___________ में प्रदान किये गए मौलिक अधिकार का उल्लंघन करता है।

(a) 21

(b) 25

(c) 24

(d) 22

Answer- a

(13) उत्तर प्रदेश से राज्यसभा में कितने सदस्य नियुक्त किए जा सकते हैं?

(a) 39

(b) 31

(c) 18

(d) 22

Answer- b

(14) निम्नलिखित में से क्या भारतीय नागरिकों का मौलिक अधिकार नहीं है?

(a) आवागमन की स्वतंत्रता

(b) संघ बनाने का अधिकार

(c) संवैधानिक उपचार का अधिकार

(d) संपत्ति का अधिकार

Answer- d

(15) भारत के संविधान (86वें संशोधन) अधिनियम, 2002 के संबंध में निम्नलिखित में से कौन सा कथन सही नहीं है?

(a) इसने अनुच्छेद 45 के अंतर्गत् छह वर्ष से कम आयु के बच्चों के लिए आरंभिक बाल्यावस्था देखभाल और शिक्षा का प्रावधान बनाया।

(b) अनुच्छेद 51A के अंतर्गत् 6 और 14 वर्ष की आयु के बीच अपने बच्चे या आश्रित (वॉर्ड) को शिक्षा के अवसर प्रदान करना माता-पिता या अभिभावक का मौलिक कर्तव्य बनाया गया।

(c) अनुच्छेद 75 के अंतर्गत् इसने इन प्रावधानों के प्रभावी कार्यान्वयन को सुनिश्चित करने के लिए भारत सरकार के लिए एक केंद्रीय (नोडल) मंत्रालय स्थापित करना बाध्यकारी बना दिया।

(d) अनुच्छेद 21A के अंतर्गत् राज्य द्वारा निर्धारित ढंग से 6 से 14 वर्ष की आयु के सभी बच्चों के लिए नि:शुल्क और अनिवार्य शिक्षा को एक मौलिक अधिकार बनाया गया था।

Answer- c

General Awareness in Hindi Geography question

(1) कावेरी नदी का उद्गम कहाँ से होता है?

(a) अमरकंटक के पठार

(b) महाबलेश्वर

(c) ब्रह्मगिरि पहाड़ियों

(d) त्रिंबक पहाड़ियों

Answer- c

(2) निम्नलिखित में से कौन सा मेघालय पठार का भाग नहीं हैं?

(a) पलामू पहाड़ियाँ

(b) खासी पहाड़ियाँ

(c) गारो पहाड़ियाँ

(d) जयंतिया पहाड़ियाँ

Answer- a

(3) भारत में ख़रीफ मौसम किसके साथ आता है?

(a) दक्षिण-पूर्वी मॉनसून

(b) उत्तर-पूर्वी मॉनसून

(c) उत्तर-पश्चिमी मॉनसून

(d) दक्षिण-पश्चिमी मॉनसून

Answer- d

(4) हैली धूमकेतु (Halley's comet) की आवधिकता कितने वर्ष की होती है?

(a) 45-46 वर्ष

(b) 30-31 वर्ष

(c) 85-86 वर्ष

(d) 75-76 वर्ष

Answer- d

(5) पृथ्वी की महाद्वीपीय भू-सतह (क्रस्ट) में प्रचुरतम मात्रा में पाया जाने वाला खनिज कौन सा है?

(a) अभ्रक (माइकाज़)

(b) स्फतीय (फेल्स्पार)

(c) स्फटिक (क्वाट्र्ज़)

(d) पाइरॉक्सीन्स

Answer- b

(6) कुचिपुड़ी नृत्य की उत्पत्ति भारत के किस राज्य में हुई थी?

(a) कर्नाटक में

(b) गुजरात में

(c) महाराष्ट्र में

(d) आंध्र प्रदेश में

Answer- d

(7) निम्नलिखित में से किस शहर से होकर नेत्रावती नदी बहती है?

(a) शिवमोगा

(b) मंगलुरू

(c) कारवार

(d) बेंगलुरु

Answer- b

(8) निम्नलिखित में से किस नदी का उद्गम स्थान महाबलेश्वर में है?

(a) कावेरी

(b) कृष्णा

(c) ताप्ती

(d) नर्मदा

Answer- b

(9) द्वीप देश फिजी किस महासागर में स्थित है?

(a) हिंद महासागर

(b) अटलांटिक महासागर

(c) आर्कटिक महासागर

(d) प्रशांत महासागर

Answer- d

(10) आयनमंडल के बारे में निम्नलिखित में से कौन-सा कथन सही नहीं है?

(a) यह सौर और ब्रह्मांडीय विकिरण द्वारा आयनित होता है।

(b) यह समताप सीमा (स्ट्रेटोपॉज़) के ठीक ऊपर स्थित है।

(c) इसमें आवेशित कण होते हैं।

(d) पृथ्वी से प्रसारित रेडियो तरंगें इस परत द्वारा वापस पृथ्वी की ओर परावर्तित हो जाती हैं।

Answer- b

(11) चंद्रमा पर किसी वस्तु का भार पृथ्वी पर उसके भार के के बराबर है।

(a) आठवें भाग

(b) छठे भाग

(c) दसवें भाग

(d) चौथे भाग

Answer- b

(12) भारत में अभक का सबसे बड़ा उत्पादक राज्य कौन सा है?

(a) मध्य प्रदेश

(b) आंध्र प्रदेश

(c) झारखंड

(d) राजस्थान

Answer- b

(13) _____सतपुड़ा श्रेणी की सबसे ऊँची चोटी है।

(a) धूपगढ़

(b) अमरकंटक

(c) जार्गा

(d) दिलवाड़ा

Answer- a

(14) निम्नलिखित में से कौन सा तांबा खनिज है?

(a) हैलाइट

(b) हिमेटाइट

(c) बॉक्साइट

(d) अजुराइट

Answer- d

(15) हीराकुड बांध किस नदी पर बनाया गया है?

(a) महानदी

(b) बेतवा

(c) गोदावरी

(d) कृष्णा

Answer- a

General Awareness in Hindi History Question

(1) अकबर ने अपने पिता हुमायूँ की गाथा 'हुमायूँनामा ' को लिपिबद्ध करने का दायित्व _________ को दिया था|

(a) मरियम-उज-जमानी

(b) जगत गोसाई बेगम

(c) जोधा बेगम

(d) गुलबदन बेगम

Answer- d

(2) _______, एक मोरक्को यात्री है जिसे अपनी लंबी यात्राओं के लिए जाना जाता है और ये मुहम्मद बिन तुगलक के शासन के दौरान भारत आया था|

(a) निकोलोई

(b) इब्नबतूता

(c) सांग ही

(d) राल्फ फिश

Answer- b

(3) एंग्लो-मैसूर युद्ध के पश्चात ईस्ट इंडिया कंपनी ने बंगाल के राज्यपाल के रूप में किसे नियुक्त किया था?

(a) वारेन हेस्टिंग्स

(b) रॉबर्ट क्लाइव

(c) लॉर्ड हार्डिंग

(d) सर चार्ल्स मेटकाफ

Answer- b

(4) _____ वंश जिसने 1206 से 1290 तक उत्तर भारत पर शासन किया, कुतुबुद्दीन ऐबक द्वारा स्थापित किया गया था|

(a) गुलाम वंश

(b) तुगलक वंश

(c) खिलजी वंश

(d) लोदी वंश

Answer- a

(5) कल्हण ने 12वीं शताब्दी में कश्मीर के राजा पर एक पुस्तक का लेखन किया है, जिसका नाम _____ है|

(a) पद्मावत

(b) राजतरंगिणी

(c) तारीख-ए-फिरोजशाही

(d) नूह सिपिहर

Answer- b

(6) जलियांवाला बाग हत्याकांड, जिसे अमृतसर नरसंहार के रूप में भी जाना जाता है, पंजाब के अमृतसर के जलियांवाला बाग में को हुआ था|

(a) 13 अप्रैल 1919

(b) 13 अगस्त 1867

(c) 17 मार्च 1909

(d) 4 मई 1929

Answer- a

(7) मोहनदास करमचंद गांधी को 1915 में दक्षिण अफ्रीका में एंबुलेंस सेवाओं में उनके योगदान के लिए पेंसहर्स्ट के _______ द्वारा केसर-ए-हिंद पुरस्कार से सम्मानित किया गया था|

(a) लॉर्ड डलहौजी

(b) लॉर्ड हार्डिंग

(c) लॉर्ड रिपन

(d) लॉर्ड कर्जन

Answer- b

(8) प्लासी की लड़ाई सिराजुद्दौला और ब्रिटिश ईस्ट इंडिया कंपनी के बीच _____________ को लड़ी गई थी|

(a) 15 सितंबर, 1765

(b) 25 मई, 1745

(c) 23 जून, 1757

(d) 21जून, 1780

Answer- c

(9) 1883 में ___________ द्वारा पेश किया गया इल्बर्ट बिल प्रस्तावित विवादास्पद कदम था|

(a) लॉर्ड हेस्टिंग्स

(b) लॉर्ड रिपन

(c) लॉर्ड डलहौजी

(d) लॉर्ड कर्जन

Answer- b

(10) अश्वघोष द्वारा रचित एक महाकाव्य है जिसमें बुद्ध के जन्म के समय से लेकर उनके निर्वाण प्राप्त करने तक बुद्ध के जीवन के बारे में वर्णन किया गया है|

(a) शिशुपाल वध

(b) बुद्धचरित

(c) अर्थशास्त्र

(d) किरातार्जुनीय

Answer- b

(11) भारत के किस गवर्नर-जनरल ने 1772 में, प्रत्येक जिले में दो अदालतें निर्मित की जिनमें से एक फौजदारी अदालत और दूसरी दीवानी अदालत थी?

(a) वारेन हेस्टिंग्स

(b) रिचर्ड वेलेस्ली

(c) लॉर्ड डलहौजी

(d) रॉबर्ट क्लाइव

Answer- a

(12) 1756 में अलीवर्दी खान की मृत्यु के बाद बंगाल का नवाब कौन बना?

(a) मुर्शिद कुली खान

(b) सिराज उद-दौला

(c) मीर जाफ़र

(d) सुजान खान

Answer- b

(13) मगध एक शक्तिशाली महाजनपद होते हुए भी वैशाली (बिहार) में अपनी राजधानी वज्जि सहित प्रशासन के एक अन्य स्वरूप के अधीन था जो ______________ कहलाता था।

(a) गण या संघ

(b) समाजवाद

(c) लोकतंत्र

(d) पंचायती

Answer- a

(14) किंग जॉर्ज पंचम ने किस वर्ष में भारत का ताज ग्रहण किया था?

(a) 1923

(b) 1906

(c) 1917

(d) 1911

Answer- d

(15) मराठा साम्राज्य और ब्रिटिश ईस्ट इंडिया कंपनी के प्रतिनिधियों ने किस वर्ष में 'सालबाई की संधि' पर हस्ताक्षर किए थे?

(a) 1782

(b) 1771

(c) 1758

(d) 1769

Answer- a

General Awareness in Hindi Biology question

(1) छोटी आंत और बड़ी आंत के जंक्शन से जुड़ी थैली को क्या कहा जाता है?

(a) कक्षक (axilla)

(b) अस्थिकंद (condyle)

(c) अन्धान्त्र (caecum)

(d) अनुत्रिक (coccyx)

Answer- c

(2) दांत की जड़ किस पदार्थ से आच्छादित होती है?

(a) सीमेंटम

(b) डेंटिन

(c) पल्प

(d) इनेमल

Answer- a

(3) ईक्राइन ग्रंथियों का प्रमुख कार्य क्या है?

(a) शरीर के रोम/बाल उत्पन्न करना

(b) वृद्धि संबधी हार्मोन उत्पन्न करना

(c) त्वचा का रंग उत्पन्न करना

(d) पसीना उत्पन्न करना

Answer- d

(4) पादप जगत में, 'फ़र्न और फ़र्न सहयोगी' किस समूह से संबंधित हैं?

(a) जिम्नोस्पर्म्स से

(b) ब्रायोफ़ाइटा

(c) थैलोफ़ाइटा से

(d) टेरिडोफ़ाइटा से

Answer- d

(5) मानव शरीर में दोनों ओर स्थित अंग को पहचानें।

(a) यकृत

(b) वृक्क

(c) प्लीहा

(d) मूत्राशय

Answer- b

(6) थक्का बनने की प्रक्रिया के कारण घाव से रक्त स्राव बंद होना क्या कहलाता है?

(a) आधान

(b) ऊष्मायन

(c) किण्वन

(d) स्कंदन

Answer- d

(7) कौन सा प्रोटीन उपकला कोशिकाओं को क्षतिग्रस्त होने से बचाता है?

(a) एक्टिन

(b) केराटिन

(c) कोलेजन

(d) इलास्टिन

Answer- b

(8) वह रक्त वाहिकाएं जो रक्त को हृदय से शरीर के विभिन्न भागों में ले जाती है, उन्हें क्या कहा जाता है?

(a) केशिकाएं

(b) धमनियां

(c) पट

(d) नसे

Answer- b

(9) एक जीवित कोशिका की संपूर्ण अवयव को के रूप में जाना जाता है जिसमें साइटोप्लाज्म और नाभिक शामिल होते हैं।

(a) प्रोटोप्लाज़्म

(b) कोशिका झिल्ली

(c) लाइसोसोम

(d) माइटोकॉन्ड्रिया

Answer- a

(10) शरीर की सबसे मजबूत मांसपेशी (उसके वजन के आधार पर) चर्वणिका पेशी (मासेटर मांसपेशी) कहाँ स्थित होती है?

(a) जबड़ा

(b) जांघ

(c) हाथ

(d) छाती

Answer- a

(11) मानव पाचन तंत्र के निम्नलिखित में से किस भाग में भोजन का पाचन पूरा होता है?

(a) अमाशय

(b) मुंह

(c) छोटी आंत

(d) बड़ी आंत

Answer- c

(12) टेरिडोफ़ाइट्स प्रजनन कैसे करते हैं?

(a) बीजाणुओं की सहायता से

(b) बीजों की सहायता से

(c) कलिकाओं की सहायता से

(d) परागकणों की सहायता से

Answer- a

(13) मनुष्यों में हिचकी सामान्यत: निम्नलिखित में से किसके नीचे की ओर स्थान परिवर्तन (शिफ्टिंग) के कारण होती हैं?

(a) मध्यपट (diaphragm)

(b) कंठनली (larynx)

(c) फेफड़ों (lungs)

(d) श्वासनली (trachea)

Answer- a

(14) निम्नलिखित में से पानी में घुलनशील विटामिन का चयन करें।

(a) विटामिन के

(b) विटामिन ए

(c) विटामिन सी

(d) विटामिन डी

Answer- c

(15) जीवित प्राणियों में निषेचन के दौरान, एक कोशिका के निर्माण के लिए नर और मादा युग्मकों का संलयन होता है, जिसे ___________ कहा जाता है।

(a) शुक्राणु (sperm)

(b) भ्रूण (embryo)

(c) डिंब (ovum)

(d) युग्मनज (zygote)

Answer- d

7
SCINCE MCQ

Question 1: हमारे शरीर का सामान्य तापमान कितना होता है?

A. 310 K

B. 210 K

C. 410 K

D. 340 K

Answer- 310 K

Question 2: हवा में ध्वनि की गति कितनी होती है?

A. 329 मी./से.

B. 331 मी./से.

C. 231 मी./से.

D. 300 मी./से.

Answer- 331 मी./से.

Question 3: कौन सा एक ऊष्मा का सबसे अच्छा चालक है?

A. पानी

B. पारा

C. चमड़ा

D. प्लास्टिक

Answer- पारा

Question 4: एक वस्तु अधिकतम भार देती है?

A. पानी

B. निर्वात

C. वायु

D. इनमें से कोई नहीं

Answer- निर्वात

Question 5: सौर विकिरण का मापन किया जाता है?

A. हैक्टोमीटर

B. पाईरोमीटर

C. बैरोमीटर

D. मेनोमीटर

Answer- पाईरोमीटर

100+ Biology General Knowledge Questions in Hindi

Question 6: कौन सा रंग अधिकतम उर्जा रखता है?

A. हरा प्रकाश

B. बैंगनी प्रकाश

C. लाल प्रकाश

D. पीला प्रकाश

Answer- बैंगनी प्रकाश

Question 7: लम्बाई की सबसे छोटी इकाई क्या होती है?

A. माइक्रों

B. फेर्मीमीटर

C. नैनोमीटर

D. इनमें से कोई नहीं

Answer- फेर्मीमीटर

Question 8: हीटर में किस धातु का तार बना होता है?

A. तांबा

B. लोहा

C. निक्रोम

D. स्टील

Answer- निक्रोम

Question 9: सर्वप्रथम मिसाइल को किसने बनाया था?

A. जे जे थामसन

B. वर्नर वान ब्रोन

C. एडवर्ड टेलर

D. इनमें से कोई नहीं

Answer- वर्नर वान ब्रोन

Question 10: गुरुत्वाकर्षण सिद्धांत किसके द्वारा दिया गया था?

A. आइजैक न्यूटन

B. चाल्स बैबेज

C. अलबर्ट आइंस्टीन

D. जेम्स गोस्लिंग

Answer- आइजैक न्यूटन

1000 विज्ञान सवाल और जवाब

Question 11: पॉजिट्रान के आविष्कारक थे?

A. विलियम चाडविक

B. एंडरसन

C. रदरफोर्ड

D. चाल्स बैबेज

Answer- एंडरसन

Question 12: क्यूरी किसकी इकाई है?

A. तापमान

B. लम्बाई

C. ऊष्मा

D. रेडियोधर्मिता

Answer- रेडियोधर्मिता

Question 13: हाइड्रोजन बम किसने बनाया था?

A. एडवर्ड टेलर

B. सैमुअल

C. जे रॉबर्ट

D. इनमें से कोई नहीं

Answer- एडवर्ड टेलर

Question 14: स्कूटर के आविष्कारक थे?

A. ब्रेडशॉ

B. विलियम चाडविक

C. विम औबोटर

D. इनमें से कोई नहीं

Answer- विम औबोटर

Question 15: आद्रता को मापा जाता है?

A. हैक्टोमीटर

B. लैक्टोमीटर

C. हाइग्रोमीटर

D. हाइड्रोमीटर

Answer- हाइग्रोमीटर

Question 16: पादप कोशिका भित्ति बनी होती है?

A. शर्करा

B. सेलूलोज

C. सुक्रोज

D. इनमें से कोई नहीं

Answer- सेलूलोज

Question 17: यांत्रिक शक्ति की SI इकाई है?

A. वाट

B. जूल

C. न्यूटन/से.

D. इनमें से कोई नहीं

Answer- वाट

Question 18: अफीम के कौनसे हिस्से से मोर्फिन प्राप्त किया जाता है?

A. जड़

B. फल आवरण

C. पत्ते

D. फूल

Answer- फल आवरण

Question 19: कार्य की इकाई क्या होती है?

A. वाट

B. न्यूटन

C. जूल

D. इनमें से कोई नहीं

Answer- जूल

Question 20: प्रेकत्व (Inductance) का मात्रक है?

A. हेनरी

B. ओम

C. कुलम्ब

D. एम्पियर

Answer- हेनरी

General Science GK Questions in Hindi

Question 21: न्यूट्रान के खोजकर्ता कौन थे?

A. चैडविक

B. न्यूटन

C. रदरफोर्ड

D. हेनरी

Answer- चैडविक

Question 22: ब्रह्माण में सबसे अधिक पाया जाने वाला तत्व कौन सा है?

A. नाइट्रोजन

B. हीलियम

C. ऑक्सीजन

D. कार्बनडाई आक्साइड

Answer- ऑक्सीजन

Question 23: सूर्य पर सर्वाधिक मात्रा में पाई जाने वाली गैस कौन सी है?

A. हाइड्रोजन

B. नाइट्रोजन

C. हीलियम

D. इनमें से कोई नहीं

Answer- हाइड्रोजन

Question 24: सापेक्षता का सिद्धांत किसके द्वारा दिया गया था?

A. न्यूटन

B. आइंस्टीन

C. पास्कल

D. जे. जे. थामसन

Answer- आइंस्टीन

Question 25: किसकी कमी के कारण थाइरोइड ग्रंथि की अत्यधिक वृद्धि हो जाती है?

A. आयरन

B. आयोडीन

C. कैंशियम

D. हिमोग्लोबीन

Answer- आयोडीन

Question 26: साईटोलॉजी सम्बंधित है?

A. फसलों के अध्ययन से

B. कोशिका के अध्ययन से

C. पक्षी के अध्ययन से

D. पौधों के अध्ययन से

Answer- कोशिका के अध्ययन से

Question 27: एथलीट फुट रोग का कारण है?

A. कवक

B. जीवाणु

C. वायरस

D. प्रोटोजोआ

Answer- कवक

Question 28: विटमिन A मानव शरीर के किस अंग में संग्रहित होता है?

A. त्वचा

B. किडनी

C. लीवर

D. फेफड़ा

Answer- लीवर

Question 29: विकास के सिद्धांत का जनक किसे कहा जाता है?

A. न्यूटन

B. डार्विन

C. केल्विन

D. थॉमस

Answer- डार्विन

Question 30: दुनिया का सबसे लम्बा पौधा है?

A. पैरोकार्पस

B. टेक्टना

C. यूकलिप्टस

D. इनमें से कोई नहीं

Answer- यूकलिप्टस

8

Question ANS YOU

RIGHT ANSWER KHUD SE KRE

1. पृथ्वी पर दिन और रात होते हैं ?

(A) दैनिक गति के कारण

(B) वार्षिक गति के कारण

(C) छमाही गति के कारण

(D) तिमाही गति के कारण

2. सबसे बड़ा ग्रह है ?

(A) बृहस्पति

(B) पृथ्वी

(C) युरेनस

(D) शुक्र

3. सबसे छोटा ग्रह है ?

(A) मंगल

(B) शनि

(C) बुध

(D) नेप्चून

4. अगुलहास धारा किस महासागर में बनती है ?

(A) प्रशान्त महासागर में

(B) हिन्द महासागर में

(C) आर्कटिक महासागर में

(D) अन्य

5. पृथ्वी का सबसे भीतर वाला भाग क्रोड किसका बना होता है ?

(A) ताँबा और जस्ता

(B) निकेल और ताँबा

(C) लोहा और जस्ता

(D) लोहा और निकेल

6. मैंगनीज के उत्पादन में भारत का दूसरा स्थान है, प्रथम देश कौन सा है ?

(A) फ्रांस

(B) रुसी संघ

(C) कनाडा

(D) संयुक्त राज्य अमेरिका

7. निम्नांकित में से कौन देश कोयले का सबसे बड़ा उत्पादक है ?

(A) ब्राजील

(B) भारत

(C) अमेरिका

(D) चीन

8. इनमें किसको जापान का मैनचेस्टर कहा जाता है ?

(A) ओसाका

(B) टोकियो

(C) नागासाकी

(D) याकोहामा

9. भारत के स्वतंत्रता संघर्ष के दौरान 'Deccan Educational Society' नामक संस्था की स्थापना किसने की थी ?

(A) जवाहरलाल नेहरू

(B) रवीन्द्र नाथ टैगोर

(C) बाल गंगाधर तिलक

(D) व्योमेश चन्द्र बनर्जी

10. 1857 के गदर के समय भारत का गवर्नर जनरल कौन था ?

(A) लॉर्ड केनिंग

(B) नील आर्मस्ट्रांग

(C) जॉन मथाई

(D) अन्य

11. 'भारत भारतीयों के लिए ' नारा किस संस्था ने दिया था ?

(A) अशासकीय संस्था

(B) आर्य समाज ने

(C) ब्राह्म समाज ने

(D) अन्य

12. विन्ध्याचल और सतपुड़ा पहाड़ियों के बीच से होकर बहने वाली नदी है ?

(A) नर्मदा

(B) सिंधु नदी

(C) कोसी

(D) गोदावरी

13. इन्वेस्टर प्रोटेक्शन फण्ड (Investor Protection Fund) किस संस्था ने स्थापित किया है ?

(A) पूंजी मुद्दे ने

(B) DLF ने

(C) सेबी (SEBI) ने

(D) अन्य

14. कुण्डापुर एंव करवार कच्छ वनस्पति स्थान कहाँ स्थित हैं ?

(A) केरल राज्य में

(B) कर्नाटक राज्य में

(C) तमिल नाडु राज्य में

(D) त्रिपुरा राज्य में

15. भारत की प्रथम बहुउद्देशीय परियोजना किस नदी पर बनाई गई थी ?

(A) कावेरी नदी

(B) गंडक नदी

(C) दामोदर नदी पर

(D) यमुना नदी

9
SOME UNIQUE

1. FM का विस्तारित नाय क्या है ?

उत्तर :- FM आ विस्तारित रूप Frequency Modulation (फ्रिकवेंसी माड्यूलेशन) है |

2. भारत के किस शहर को वर्ष 1858 में केवल एक दिन के लिए भारत की राजधानी घोषित किया गया था ?

उत्तर :- उत्तर प्रदेश राज्य में स्थित इलाहाबाद शहर जिसका वर्तमान नाम प्रयागराज है को वर्ष 1958 में केवल 1 दिन के लिए भारत की राजधानी घोषित किया गया था ।

3. PDF का पूर्ण रूप क्या है ?

उत्तर :- (Portable document format) पोर्टेबल डॉक्युमेंट फॉरमैट

4. कंप्यूटरीकृत भाषा में W W W का क्या अर्थ है ?उत्तर :- World Wide Web

5. अंग्रेजों द्वारा शुरू किए गये किस कानून को काला कानून कहा जाता है ?

उत्तर :- रॉलेट एक्ट कानून

6. वर्ष 1905 में बंगाल विभाजन के समय भारत का गवर्नर जनरल कौन था ?

उत्तर :- लॉर्ड कर्जन

7. भारत में ब्रिटिश साम्राज्य की स्थापना किसने की थी ?

उत्तर :- लॉर्ड रॉबर्ट क्लाइव

8. किस पेशवा शासक ने अंग्रेजों के साथ बेसिन की संधि की थी ?

उत्तर:- बाजीराव द्विवतीय

9. बंगाल व बिहार में स्थायी बंदोबस्त की शुरुआत किसने की थी ?

उत्तर :- लॉर्ड कॉर्नवालिस

10. राजस्थान के भरतपुर जिले में स्थित ' लोहगढ़ ' नामक किले का निर्माण किसने करवाया था ?

उत्तर :- बंदा बहादुर ने

11. संचार पद्धति की भाषा में एमटीएस (MTS) का पूर्ण रूप क्या है ?

उत्तर :- Mobile Telephone Service (मोबाइल टेलिफोन सर्विस)

12. खट्टे फलों में मुख्यत: कौन सा अम्ल पाया जाता है ?

उत्तर :- साइट्रिक अम्ल

13. आंवला में कौन सा विटामिन प्रचुर मात्रा में पाया जाता है ?

उत्तर :- विटामिन सी

14. भारतीय संविधान में प्रथम संशोधन किस वर्ष हुआ ?

उत्तर :- वर्ष 1950 में

15. हमारे भारत के मूल संविधान में कुल कितनी भाषाएं हैं ?

उत्तर :- 14 भाषाएं लेकिन वर्तमान समय में भारतीय संविधान में कुल 22 भाषाएं शामिल है ।

16. राजस्थान के किस शहर को झीलों की नगरी कहा जाता है ?

उत्तर :- उदयपुर

17. ऐसी कौन सी धातु है जिसे चाकू के द्वारा आसानी से काटा जा सकता है ?

उत्तर :- सोडियम

18. किस भारतीय क्रांतिकारी ने कहा था कि स्वतंत्रता हमारा जन्मसिद्ध अधिकार है और हम इसे प्राप्त करके रहेंगे ?

उत्तर :- बाल गंगाधर तिलक

19. भारत में सफेद क्रांति का जनक किसे कहा जाता है ?

उत्तर :- डॉ वर्गीज कुरियन

20. सफेद क्रांति का संबंध किससे है ?

उत्तर :- सफेद क्रांति जिसे दुग्ध क्रांति और ऑपरेशन फ्लड के नाम से भी जाना जाता है का संबंध दूध से है इस क्रांति का मुख्य उद्देश्य भारत में दूध की कमी को दूर करना था ।

21. विश्व की एकमात्र झील कौन सी है जो प्रत्येक 12 वर्ष बाद में मीठे व खारे पानी में परिवर्तित होती रहती है ?

उत्तर :- तिब्बत की उरोतसो झील

22. किसी भी राज्य में संवैधानिक तंत्र विफल होने पर भारतीय संविधान के किस अनुच्छेद के अंतर्गत उस राज्य में राष्ट्रपति शासन लगाया जा सकता है ?

उत्तर :- अनुच्छेद 356

23. किस संविधान संशोधन के द्वारा 6 से 14 वर्ष के बच्चों के लिए शिक्षा के अधिकार को मूल अधिकार के रूप में मान्यता दी गई ?

उत्तर :- 86 वा संविधान संशोधन 2002

24. किस संविधान संशोधन द्वारा संपत्ति के अधिकार को मौलिक अधिकार की सूची से हटाकर इसे विधिक अधिकार घोषित किया गया था ?

उत्तर :- 44 वें संविधान संशोधन

25. वर्तमान में भारतीय संविधान में कुल कितनी अनुसूचियां हैं ?

उत्तर :- 12 अनुसूचियां

26. किस संविधान संशोधन के द्वारा भारत में पंचायती राज व्यवस्था को लागू किया गया ?

उत्तर :- 73वें संविधान संशोधन 1992 के तहत

27. किस संविधान संशोधन के द्वारा भारतीय संविधान की प्रस्तावना में धर्मनिरपेक्ष और समाजवादी शब्द को जोड़ा गया ?

उत्तर :- 42 वें संविधान संशोधन

28. भारत में पहला सफल परमाणु परीक्षण कब तथा कहां किया गया ?

उत्तर :- 14 मई 1974 को राजस्थान के पोखरण में

29. भारत के मध्य प्रदेश राज्य में स्थित पन्ना की खाने किसके लिए प्रसिद्ध है ?

उत्तर :- हीरे

30. संतोष ट्रॉफी का संबंध किस खेल से है ?

उत्तर :- फुटबॉल

31. भारत के सर्वोच्च नागरिक सम्मान भारत रत्न पुरस्कार से सम्मानित प्रथम भारतीय कौन थे ?

उत्तर :- डॉक्टर सर्वपल्ली राधाकृष्णन

32. ज्ञानपीठ पुरस्कार किस क्षेत्र में दिया जाता है ?

उत्तर :- साहित्य के क्षेत्र में

33. कंचनजंगा पर्वत श्रृंखला किस भारतीय राज्य में स्थित है ?

उत्तर :- सिक्किम

34. गिद्धा और भांगड़ा किस भारतीय राज्य का प्रमुख लोक नृत्य है ?

उत्तर :- पंजाब

35. ' पोंगल ' किस भारतीय राज्य का एक प्रसिद्ध त्यौहार है ?

उत्तर :- तमिलनाडु

36. हॉर्नबिल महोत्सव किस राज्य का एक प्रसिद्ध त्यौहार है ?

उत्तर :- नागालैंड

37. किस भारतीय राज्य में कंचनजंगा पर्वत शिखर स्थित है ?

उत्तर :- सिक्किम

38. किस भारतीय राज्य को मंदिरों की पुण्य भूमि कहते हैं ?

उत्तर :- तमिल नाडु

39. भोजन के द्वारा प्राप्त होने वाली ऊर्जा को किसमें मापा जाता है ?

उत्तर :- कैलोरी में

40. अंतरराष्ट्रीय अहिंसा दिवस प्रतिवर्ष कब मनाया जाता है ?

उत्तर :- 2 अक्टूबर को महात्मा गांधी के जन्मदिन के शुभ अवसर पर प्रत्येक वर्ष अंतर्राष्ट्रीय अहिंसा दिवस मनाया जाता है ।

41. भारत का सबसे पुराना राष्ट्रीय दल भारतीय राष्ट्रीय कांग्रेस की स्थापना किसने की थी ?

उत्तर :- डॉ. ए. ओ. ह्यूम

42. हमारे भारत में सर्वाधिक क्षेत्र पर किस प्रकार के वन पाए जाते हैं ?

उत्तर :- उष्णार्द्र पतझड़ वन

43. तीन बीघा कॉरिडोर भारत और किस देश को आपस में जोड़ता है ?

उत्तर :- बांग्लादेश

44. राजा राममोहन राय ने किस समाज की स्थापना की थी ?

उत्तर :- ब्रह्म समाज

45. भारत का एकमात्र प्रधानमंत्री कौन है जिन्होंने भारत का सर्वोच्च नागरिक सम्मान भारत रत्न एवं पाकिस्तान का सर्वोच्च सम्मान निशान-ए-पाकिस्तान दोनों प्राप्त किया ?

उत्तर :- मोरारजी देसाई

46. अंतर्राष्ट्रीय तिथि रेखा किस सागर से होकर गुजरती है ?

उत्तर :- आर्कटिक सागर एवं प्रशांत महासागर

47. संपूर्ण विश्व में कुल कितने समय जोन (Time Zone) में विभाजित है ?

उत्तर :- 24

48. आधुनिक शिक्षा प्रणाली की नींव भारत में किस वर्ष पड़ी ?

उत्तर :- 1835 में

49. भारत का कौन सा राज्य चंदन की लकड़ी के लिए सबसे अधिक प्रसिद्ध है ?

उत्तर :- कर्नाटक

50. भारत का सबसे बड़ा लिवरपूल ब्रिज कौन सा है ?

उत्तर :- हावड़ा ब्रिज, कोलकाता

10

SCIENCE Gk

1 जेनेटिक्स शब्द का सबसे पहले प्रयोग किसने किया

उत्तर- बेटसन

2 आनुवंशिकी का जनक किसे माना जाता है

उत्तर- जॉन मेंडल

3 आधुनिक आनुवंशिकी का जनक किसे माना जाता है

उत्तर- बेटसन

4 जीन शब्द का शाब्दिक अर्थ क्या है

उत्तर- वृद्धि करना

5 आनुवंशिकी लक्षण का निर्धारण करने वाले निर्धारक को विज्ञान की भाषा में क्या कहा जाता है

उत्तर- एलीली या विकल्पी

6 गुणसूत्र या डीएनए की अनुवांशिक इकाई क्या है

उत्तर- जीन

7 जीन शब्द का सर्वप्रथम प्रयोग किसने किया

इस जोहानसन

8 गुणसूत्र किसके बने होते हैं

उत्तर- डीएनए व प्रोटीन

9 किसी जीव की कोशिका के केंद्रक में उपस्थित द्विगुणित गुणसूत्रों का सेट क्या कहलाता है

उत्तर- केंद्रक प्रारूप

10 शुक्राणु गुणसूत्र के आधार पर होता है

उत्तर- संजीन

11 ग्रेगर जॉन मेंडल का संबंध किस देश से है

उत्तर- आस्ट्रिया

12 ग्रेगर जॉन मेंडल द्वारा किस पादप पर संकरण के प्रयोग किए गए

उत्तर- पायसम सेटाईवा

13 1865-66 मेंडल द्वारा प्रकाशित निष्कर्षों को वार्षिक पत्रिका में किस शीर्षक द्वारा प्रकाशित करवाया गया

उत्तर- पादप संकरण के प्रयोग

14 मंडल द्वारा उद्यान मटर के अलावा किस पादप पर संकरण किया गया

उत्तर- हायरेसियम

15 मेंडल ने उद्यान मटर के कितने लक्षणों पर संकरन का प्रयोग किया

उत्तर- 7 जोड़ी

16 एकल संकर संकरण की F2 पीडी में लक्षण प्रारूप का अनुपात बताइए

उत्तर- 3:1

17 द्वी संकर संकरण की F2 पीडी का जीन प्रारूप का अनुपात बताइए

उत्तर-1:2:2:4:1:2:1:2:1

18 मेंढक में गुणसूत्रों की संख्या बताइए

उत्तर- 24

19 युग्मनज के बनते समय जीन के जोड़े में से केवल एक युग्मनज प्रवेश करता है यह किस नियम की ओर इंगित करता है

उत्तर- पृथक्करण का नियम

20 DNA में नहीं पाया जाता

उत्तर- यूरेसिल क्षार

21 मेंडल के आनुवंशिकता का सिद्धांत किस पर आधारित है

उत्तर- लैंगिक जनन

22 हमारे शरीर में अनुवांशिकता की इकाई को क्या कहते हैं

उत्तर- जीन

23 मेंडल के कार्यों की पुन खोज 1900 में किसके द्वारा की गई

उत्तर- हयुगो डी ब्रिज ,कार्ल कॉरेंस, वान सेरमक

24 मेंडल से पूर्व मटर पर प्रयोग करने वाले साइंटिस्ट थे

उत्तर- नाइट गॉस

25 मेंडल के नियमों का अपवाद है

उत्तर- सहलग्नता

26 किसके द्वारा आनुवंशिकता के विज्ञान को आनुवंशिकी कहा गया

उत्तर- वाटसन

27 जर्म् प्लाजम का सिद्धांत दिया था

उत्तर- विजमैन

28 उत्परिवर्तनवाद का प्रतिपादन किया था

उत्तर- डी ब्रिज ने

29 जीने एक रेखीय कर्मों में पाए जाते हैं

उत्तर- गुणसूत्रों पर

30 मानव में ऑटोसोंमस की कुल संख्या है

उत्तर- 22 जोड़ी

31 DNA का मॉडल प्रस्तुत किसने किया

उत्तर- वाटसन व क्रिक

32 मेंडल वाद का प्रथम सिद्धांत आधारित है

उत्तर- प्रभाविता का नियम, इकाई लक्षण का नियम

33 प्रभाविता के नियम के अनुसार मानव शरीर के अप्रभावी लक्षणों के उदाहरण हैं

उत्तर- हीमोफीलिया, वर्णांधता, मधुमेह

34 प्रभाविता के नियम का प्रतिपादन किसके आधार पर किया गया

उत्तर- एकल संकर संकरण

35 यदि F1 पीढ़ी में उत्पन्न लक्षण समयुग्मजी प्रभावी तथा समयुग्मजी अप्रभावी दोनों का मध्यवर्ती हो तो यह होता है

उत्तर- अपूर्ण प्रभाविता

36 युग्मको की शुद्धता का नियम है

उत्तर- पृथक्करण का नियम, विसंयोजन का नियम

37 स्वतंत्र अपव्हयुन्न के नियम का प्रतिपादन किस के आधार पर किया गया

उत्तर- द्वी संकर संकरण

38 रो ऑन क्या है

उत्तर- मवेशी

39 सह प्रभाविता का उदाहरण है

उत्तर- मनुष्य में AB रक्त समूह ,रोऑन

40 चार्ल्स डार्विन की वह प्रसिद्ध पुस्तक जो मेंडल की असफलता का कारण बनी

उत्तर- origin of species

41 जीन की वह कौन सी इकाई है जो क्रियात्मक इकाई के रूप में कार्य करती है

उत्तर- सिस्ट्रोन

42 न्यूक्लिक अम्ल की खोज किसने की

उत्तर- फ्रेडरिक मिशर

43 न्यूक्लिक अम्ल होता है

उत्तर- पॉली न्युक्लियोटाइड

44 राइबोस शर्करा किस प्रकार की शर्करा है

उत्तर- पेंटोज शर्करा

45 DNA में कौन सा नाइट्रोजन क्षार अनुपस्थित होता है

उत्तर- युरेसिल

46 डी एन ए व आर एन ए में उपस्थित नाइट्रोजन क्षार युग्म है

उत्तर- गवानिन ,साइटोसिन

47 RNA का मुख्य कार्य क्या होता है

उत्तर- प्रोटीन निर्माण

48 जीवाणु में गुणसूत्रीय डीएनए के अतिरिक्त उपस्थित वर्तुल डीएनए क्या कहलाता हैं

उत्तर- प्लाजमिड

49 प्लास्टिडोम क्या है

उत्तर- हरित लवक में उपस्थित डीएनए

50 वह कौन सा RNA है जो कोशिका व्यापक स्तर पर पाया जाता है

उत्तर- R rn

51 डीएनए द्वीकुंडलीत मॉडल कब प्रस्तुत किया गया

उत्तर- 1953

52 एक्स-रे क्रिस्टलोग्राफी की सहायता से डीएनए द्वी कुंडलीत मॉडल किसने प्रस्तुत किया

उत्तर- विल्किंस व रोजलिंन फ्रैंकलीन

53 डीएनए के सूत्रों को काटने के लिए उपयोग किया जाने वाला प्रमुख रसायन ह

उत्तर- प्रतिबंधित एंडोन्यूक्लीज

54 न्यूक्लिक अम्ल निर्माण में बनने वाले न्यूक्लियोसाइड का घटक नहीं होता

उत्तर- फास्फोरिक अम्ल

55 वह कौन सा RNA है जिसे घुलनशील RNA भी कहा जाता हैं

उत्तर- T-RNA

56 RNA में एडिनिन के साथ जुड़ने वाला नाइट्रोजन क्षार है

उत्तर- युरेसिल

57 कोशिका में RNA की उपस्थिति होती है

उत्तर- कोशिका द्रव्य में

58 RNA के क्या कार्य माने जाते हैं

उत्तर- प्रोटीन निर्माण, पादप निर्माण में अनुवांशिक पदार्थ

59 सबसे छोटा RNA कौन सा होता है

उत्तर- T-RNA

60 क्लोवर लीफ मॉडल का संबंध किस आरएनए से है

उत्तर- T-rna

61 माइटोकॉन्ड्रिया में उपस्थित डीएनए की विशेषता बताइए

उत्तर- नग्न डीएनए, हिस्टोन प्रोटीन अनुपस्थित, वृतीय डीएनए

62 प्रोटीन निर्माण के केंद्रीय सिद्धांत का प्रतिपादन किसने किया

उत्तर- क्रिक

63 केंद्रीय सिद्धांत का अंतिम पद जिसमें प्रोटीन का निर्माण होता है क्या कहलाता है

उत्तर- अनुवादन

64 अनुलेखन चरण में क्या होता है

उत्तर- DNA से M-RNA का निर्माण

65 उत्परिवर्तनवाद का जनक किसे कहा जाता है

उत्तर- ह्यूगो डी ब्रिज

66 उत्परिवर्तन का पहला उदाहरण है

उत्तर- ऐनकोन भेड़

67 मॉर्गन ने उत्परिवर्तन को किसमें देखा और व्याख्या की

उत्तर- ड्रोसोफिला मक्खी

68 हयुगो डी ब्रिज द्वारा उत्परिवर्तन को किसने देखा गया और संपूर्ण व्याख्या की गई

उत्तर- आइनोथेरा लेमार्किआना

69 उत्परिवर्तन हेतु जिम्मेदार जीन की उप इकाई है

उत्तर- म्यूटोन

70 जीवो में नई जाति की उत्पत्ति बहुत ही कम समय में अर्थात जीवो में अकस्मात या अचानक उत्पन्न परिवर्तनों से ही नई जाति की उत्पत्ति होती है यह सिद्धांत कहलाता है

उत्तर- उत्परिवर्तनवाद

71 बिंदु उत्परिवर्तन के दौरान यदि प्यूरीन प्युरिन को ही प्रतिस्थापित करता है तो कहलाता है

उत्तर- संक्रमण

72 44+x प्रारूप है

उत्तर- टर्नर सिंड्रोम

73 सुपर लेडी किसे कहते हैं

उत्तर- 44+XXX

74 वह कौन सा सिंड्रोम है जिसमें बच्चा जन्मजात अपराध प्रवृति का होता है

उत्तर- जैकब सिंड्रोम

75 कैट क्राई सिंड्रोम क्या है

उत्तर- सर्चनात्मक विपथम

76 फिलाडेल्फिया 22 अर्थात लयुकेमियां क्या है

उत्तर- सरचनात्मक विप

77 एल्कोहलिक जीव में भाग लेने वाला सूक्ष्मजीव है

उत्तर- कवक

78 लुइस पाश्चर द्वारा किण्वन की खोज कब की गई

उत्तर- 1857

79 जे बी सुंमनर नामक वैज्ञानिक को यूरिएज एंजाइम की क्रिस्टल तैयार करने हेतु कब नोबेल पुरस्कार से सम्मानित किया गया

उत्तर- 1947

80 मक्खन का सडना किस प्रकार के किण्वन का उदाहरण है

उत्तर- ब्युटायरिक एसिड किण्वन

81 बौद्धिक संपत्ति का संरक्षण करने हेतु बनाए गए पेंटेट एक्ट की भारत में समयावधि है

उत्तर- 20 वर्ष

82 किसी पादप का कटा हुआ भाग जो उत्तक संवर्धन को प्रारंभ करता है कहलाता है

उत्तर- करतोतक

83 स्टेम सेल अर्थात स्तंभ कोशिका की खोज किसने की थी

उत्तर- जेम्स टिल्ल

84 वह स्तंभ कोशिका जो नई कोशिका का निर्माण नहीं कर सकती अर्थात जिसकी आयु निश्चित होती है तत्पश्चात वह समाप्त हो जाती है जैसे RBC WBC क्या कहलाती है

उत्तर- अशक्त कोशिका

85 वह स्तंभ कोशिका जो किसी विशेष उत्तक का निर्माण करने में सक्षम हैं जैसे रक्त का निर्माण ना होने पर अस्थि मज्जा का प्रत्यारोपण किया जाता है ऐसी कोशिका क्या कहलाती है

उत्तर- बहुत शक्त कोशिका

86 कोशिका के अंदर ऊर्जा का निर्माण किसके द्वारा होता है

उत्तर- माइटोकॉन्ड्रिया

87 पादप कोशिका में डीएनए उपस्थित होता है

उत्तर- हरित लवक, माइट्रोकांड्रिया, केंद्रक

88 मानव शरीर के कौन से अंग में लसीका कोशिकाएं बनती है

उत्तर- दीर्घास्थि

89 कोशिका सिद्धांत का प्रतिपादन किसने किया था

उत्तर- शलाइडेन और शवान ने

90 ATP का निर्माण कहां होता है

उत्तर- माइटोकॉन्ड्रिया में

91 लिंफोसाइट्स किस से रक्षा करती है

उत्तर- रोगाणुओं से

92 कोशिका विभाजन के समय स्पष्ट किया दिखाई देते हैं

उत्तर- गुणसूत्र

93 जराविक 7 क्या है

उत्तर- कृत्रिम हृदय

94 पादप शरीर क्रिया विज्ञान का पिता किसे कहा जाता है

उत्तर- स्टीफेन हेल्स

95 शुक्राणु का निर्माण कहां होता है

उत्तर- वृषन में

96 निषेचन की क्रिया कहां पर होती है

उत्तर- अंडवाहिनी में

97 कोशिका में उर्जा किस रूप में संचित रहती है

उत्तर- ATP के रूप में

98 कोशिका विभाजन में सहायक है

उत्तर- सेंट्रोसोम

99 DNA का संश्लेषण किस प्रावस्था में होता है

उत्तर इंटरफेज

100 एंजाइम की सर्वाधिक संख्या किस में पाई जाती है

उत्तर- सर्वाहारी में

11
MIX

1. भगवान बुद्ध को ज्ञान की प्राप्ति कहाँ हुई थी?

Ans:- बोधगया

2. आर्य समाज की स्थापना किसने की ?

Ans:- स्वामी दयानंद ने

3. पंजाबी भाषा की लिपि कौनसी है ?

Ans:- गुरुमुखी

4. भारत की मुख्य भूमि का दक्षिणतम किनारा कौनसा है ?

Ans:- कन्याकुमारी

5. भारत में सबसे पहले सूर्य किस राज्य में निकलता है ?

Ans:- अरुणाचल प्रदेश

6. इंसुलिन का प्रयोग किस बीमारी के उपचार में होता है ?

Ans:- मधुमेह

7. बिहू किस राज्य का प्रसिद्ध त्योहार है ?

Ans:- आसाम

8. कौनसा विटामिन आंवले में प्रचुर मात्रा में मिलता है ?

Ans:- विटामिन C

9. भारत का प्रथम गवर्नर जनरल कौन था ?

Ans:- विलियम बैंटिक

10. कागज का आविष्कार किस देश में हुआ ?

Ans:- चीन

11. गौतम बुद्ध का बचपन का नाम क्या था ?

Ans:- सिद्धार्थ

12. भारत में सशस्त्र बलों का सर्वोच्च सेनापति कौन होता है ?

Ans:- राष्ट्रपति

13. रतौंधी किस विटामिन की कमी से होती है ?

Ans:- विटामिन A

14. पोंगल किस राज्य का त्योहार है ?

Ans:- तमिलनाडु

15. गिद्धा और भंगड़ा किस राज्य के लोक नृत्य हैं ?

Ans:- पंजाब

16. टेलीविजन का आविष्कार किसने किया ?

Ans:- जॉन लोगी बेयर्ड

17. भारत की पहली महिला शासिका कौन थी ?

Ans:- रजिया सुल्तान

18. मछली किसकी सहायता से सांस लेती है ?

Ans:- गलफड़ों

19. 'इंकलाब जिंदाबाद' का नारा किसने दिया ?

Ans:- भगत सिंह ने

20. जलियांवाला बाग हत्याकांड कब व कहाँ हुआ ?

Ans:- 1919 ई. अमृतसर

21. 1939 ई. में कांग्रेस छोड़ने के बाद सुभाषचंद्र बोस ने किस दल की स्थापना की ?

Ans:- फॉरवर्ड ब्लॉक

22. 'पंजाब केसरी' किसे कहा जाता है ?

Ans:- लाला लाजपत राय

23. सांडर्स की हत्या किसने की थी ?

Ans:- भगत सिंह

24. 1857 ई. के विद्रोह में किसने अपना बलिदान सबसे पहले दिया ?

Ans:- मंगल पांडे

25. भारत की पहली महिला राज्यपाल कौन थी ?

Ans:- सरोजिनी नायडु

26. माउन्ट एवरेस्ट पर दो बार चढ़ने वाली पहली महिला कौन थी ?

Ans:- संतोष यादव

27. 'ब्रह्म समाज' की स्थापना किसके द्वारा की गई ?

Ans:- राजा राममोहन राय

28. स्वामी दयानंद सरस्वती का मूल नाम क्या था ?

Ans:- मूलशंकर

29. 'वेदों की ओर लोटो' का नारा किसने दिया ?

Ans:- दयानंद सरस्वती

30. 'रामकृष्ण मिशन' की स्थापना किसने की ?

Ans:- स्वामी विवेकानंद

31. वास्कोडिगामा भारत कब आया ?

Ans:- 1498 ई.

32. वास्कोडिगामा कहाँ का रहने वाला था ?

Ans:- पुर्तगाल

33. हवा महल कहाँ स्थित है ?

Ans:- जयपुर

34. सिख धर्म का संस्थापक किस सिख गुरु को माना जाता है ?

Ans:- गुरु नानक

35. सिखों का प्रमुख त्यौहार कौन-सा है ?

Ans:- बैसाखी

36. 'लौह पुरुष' किस महापुरुष को कहा जाता है ?

Ans:- सरदार पटेल

37. नेताजी किस महापुरुष को कहा जाता है ?

Ans:- सुभाष चंद्र बोस

38. दिल्ली स्थित लाल बहादुर शास्त्री की समाधि का क्या नाम है ?

Ans:- विजय घाट

39. महाभारत के रचियता कौन हैं ?

Ans:- महर्षि वेदव्यास

40. अर्थशास्त्र नामक पुस्तक किसने लिखी ?

Ans:- चाणक्य (कौटिल्य)

41. 'जय जवान, जय किसान' का नारा किसने दिया ?

Ans:- लाल बहादुर शास्त्री

42. संविधान सभा का स्थाई अध्यक्ष कौन था ?

Ans:- डॉ. राजेन्द्र प्रसाद

43. संविधान सभा की प्रारूप समिति के अध्यक्ष कौन थे ?

Ans:- डॉ. भीमराव अंबेडकर

44. विश्व 'रेडक्रास दिवस किस तारीख को मनाया जाता है?

Ans:- 8 मई

45. 'सूर्योदय का देश के नाम से कौनसा देश प्रसिद्ध है?

Ans:- जापान

46. अन्तर्राष्ट्रीय महिला दिवस किस तिथि को मनाया जाता है?

Ans:- 8 मार्च

47. क्षेत्रफल की दृष्टि से भारत में सबसे छोटा राज्य कौन–सा है?

Ans:- गोवा

48. ओणम किस राज्य का प्रसिद्ध त्योहार है ?

Ans:- केरल

49. दिल्ली भारत की राजधानी कब बनी ?

Ans:- 1911

50. सबसे चमकीला ग्रह कौनसा है ?

Ans:- शुक्र

51. भारत का राष्ट्रीय पशु कौनसा है ?

Ans:- बाघ

52. भारत का राष्ट्रीय पक्षी कौनसा है ?

Ans:- मोर

53. भारत का राष्ट्रीय जलीय जीव कौनसा है ?

Ans:- गंगा डॉलफिन

54. भारत का राष्ट्रीय फल कौनसा है ?

Ans:- आम

55. भारत का राष्ट्रीय फूल कौनसा है ?

Ans:- कमल

56. भारत का राष्ट्रीय पेड़ कौनसा है ?

Ans:- बरगद

57. भारत का राष्ट्रीय खेल कौनसा है ?

Ans:- हॉकी

58. भारत के राष्ट्रीय झंडे की लम्बाई और चौड़ाई में अनुपात कितना होता है ?

Ans:- 3:2

59. भारत का राष्ट्रगान किसने लिखा ?

Ans:- रवीन्द्रनाथ टैगोर

60. भारत का राष्ट्रगीत कौनसा है ?

Ans:- वंदेमातरम्

61. भारत का राष्ट्रगीत किसने लिखा है ?

Ans:- बंकिमचन्द्र चटर्जी

62. महात्मा गाँधी को राष्ट्रपिता सबसे पहले किसने कहा ?

Ans:- नेताजी सुभाष चन्द्र बोस ने

63. हमारा राष्ट्रीय पंचांग कौनसा है ?

Ans:- शक संवत्

64. राष्ट्रगान गाने की अवधि कितनी है ?

Ans:- 52 सेकंड

65. रेडियोऐक्टिवता की खोज किसने की थी?

Ans:- हेनरी बेकरल ने

66. पेस मेकर का सम्बन्ध शरीर के किस अंग से है?

Ans:- हृदय

67. मानव शरीर की किस ग्रन्थि को 'मास्टर ग्रन्थि' कहा जाता है?

Ans:- पियूष ग्रंथि

68. कार्बन का सर्वाधिक शुद्ध रूप कौनसा है?

Ans:- हीरा

69. एक्स-रे का आविष्कार किसने किया था?

Ans:- रांटजन

70. किस धातु का प्रयोग मानव द्वारा सबसे पहले किया गया?

Ans:- तांबा

71. अंतरिक्ष यात्री को बाह्य आकाश कैसा दिखायी पड़ता है?

Ans:- काला

72. दूरबीन का आविष्कार किसने किया था?

Ans:- गैलिलियो ने

73. दिल्ली स्थित महात्मा गाँधी की समाधि का क्या नाम है ?

Ans:- राजघाट

74. भारत में पहली रेल कहाँ से कहाँ तक चली?

Ans:- बम्बई (वर्तमान मुंबई) से थाने तक

75. भारत में पहली बार मेट्रो रेल सेवा किस नगर में आरम्भ की गई?

Ans:- कोलकाता

76. भारत में रेल का आरम्भ किस सन में हुआ?

Ans:- 1853

77. प्रथम भारतीय अंतरिक्ष यात्री कौन थे ?

Ans:- स्क्वाड्रन लीडर राकेश शर्मा , 1984 में

78. भारत की प्रथम महिला मुख्यमंत्री कौन थी ?

Ans:- श्रीमती सुचेता कृपलानी

79. हरियाणा के पहले मुख्यमंत्री कौन थे ?

Ans:- पं. भगवत दयाल शर्मा

80. संयुक्त राष्ट्र संघ की स्थापना कब हुई ?

Ans:- 24 अक्तूबर 1945

81. संयुक्त राष्ट्र संघ का मुख्यालय कहाँ स्थित है ?

Ans:- न्यूयॉर्क

82. संयुक्त राष्ट्र संघ के पहले महासचिव कौन थे?

Ans:- त्रिग्वेली

83.इस समय संयुक्त राष्ट्र संघ के कितने देश सदस्य हैं ?

Ans:- 193

84. संयुक्त राष्ट्र संघ सुरक्षा परिषद् के कितने देश सदस्य होते हैं ?

Ans:- 15

85. संयुक्त राष्ट्र संघ सुरक्षा परिषद् के कितने देश स्थाई सदस्य हैं?

Ans:- 5

86.अंतरराष्ट्रीय न्यायालय कहाँ स्थित है ?

Ans:- द हेग, हॉलैंड में

87. संयुक्त राष्ट्र संघ के वर्तमान महासचिव कौन है ?

Ans:- बान-की-मून

88. संयुक्त राष्ट्र महासभा में हिंदी में भाषण देने वाले भारतीय कौन थे ?

Ans:- अटल बिहारी वाजपेयी

89. संयुक्त राष्ट्र संघ सुरक्षा परिषद् के अस्थायी सदस्य कितने वर्ष के लिये चुने जाते हैं ?

Ans:- 2 वर्ष

90. संयुक्त राष्ट्र संघ का 193वां सदस्य कौनसा देश बना था ?

Ans:- दक्षिण सूडान

91. किस विटामिन की कमी से खून का रुकाव बंद नहीं होता ?

Ans:- विटामिन K

92. हिंदी दिवस कब मनाया जाता है ?

Ans:- 14 सितंबर

93. संविधान के किस अनुच्छेद द्वारा हिंदी को राष्ट्रभाषा घोषित किया गया ?

Ans:- अनुच्छेद 343

94. ओलंपिक खेलों की एकल स्पर्धा में स्वर्ण पदक जीतने वाले एकमात्र भारतीय कौन है ?

Ans:- अभिनव बिंद्रा

95. ओलंपिक खेलों का आयोजन कितने वर्षों बाद होता है?

Ans:- 4 वर्ष

96. सन 2016 में ओलंपिक खेल कहाँ होंगे ?

Ans:- रियो डी जिनेरो

97. अन्तर्राष्ट्रीय मानव अधिकार दिवस कब मनाया जाता है ?

Ans:- 10 दिसंबर

98. हरियाणा की कौनसी नस्ल की भैंस प्रसिद्ध है ?

Ans:- मुर्राह

99. प्रसिद्ध शीतला माता मंदिर कहाँ स्थित है ?

Ans:- गुड़गाँव

100. विशाल हरियाणा पार्टी किसने बनाई थी ?

Ans:- राव विरेन्द्र सिंह

101. हरियाणा का क्षेत्रफल कितना वर्ग किलोमीटर है ?

Ans:- 44212

102. हरियाणा के पहले मुख्यमंत्री कौन थे ?

Ans:- पं.भगवत दयाल शर्मा

103. किस देश की स्थलसीमा सर्वाधिक देशों के साथ लगती है ?

Ans:- चीन

104. बैरोमीटर के पठन में तेजी से गिरावट किस बात का सूचक है ?

Ans:- तूफ़ान का

105. भारतीय मरूस्थल का क्या नाम है ?

Ans:- थार

106. काजीरंगा राष्ट्रीय अभयारण्य किस राज्य में है ?

Ans:- आसाम

107. पृथ्वी अपनी धुरी पर किस दिशा में घूमती है ?

Ans:- पश्चिम से पूर्व

108. उज्जैन किस नदी के किनारे बसा है?

Ans:- शिप्रा

109. निम्न में से कौन-सी धातु बिजली की सबसे अधिक सुचालक है?

Ans:- चांदी

110. 'गोबर गैस' में मुख्य रूप से क्या पाया जाता है ?

Ans:- मीथेन

111. "स्वतन्त्रता मेरे जन्मसिद्ध अधिकार है और मैं इसे लेकर रहूँगा" किसने कहा था?

Ans:- लोकमान्य तिलक

112. राज्य सभा के सदस्यों का चुनाव कितनी अवधि के लिए किया जाता है?

Ans:- छह वर्ष

113. हिंदी भाषा की लिपि कौनसी है ?

Ans:- देवनागरी

114. हमारी आकाशगंगा का नाम क्या है ?

Ans:- दुग्ध मेखला या मिल्की वे / मन्दाकिनी

115. हिंदी भाषा का पहला समाचारपत्र कौनसा था ?

Ans:- उदंत मार्तण्ड

116. तुलसीदासकृत रामचरितमानस हिंदी भाषा की किस बोली में लिखी गयी है ?

Ans:- अवधी

117. हरियाणा के राज्यकवि कौन कहलाते हैं ?

Ans:- उदयभानु हंस

118. आधुनिक ओलंपिक खेलों की शुरूआत कब और कहाँ से हुई ?

Ans:- एथेंस (यूनान) में 1896 में

119. भारत ने किस खेल में ओलंपिक खेलों में 8 बार स्वर्ण पदक जीता है ?

Ans:- हाकी

120. भारत ने आखिरी बार हाकी में स्वर्ण पदक कहाँ और कब जीता था ?

Ans:- 1980 मास्को में

121. ओलंपिक खेलों का आयोजन कितने वर्षों के बाद होता है ?

Ans:- 4 वर्ष

122. अंतर्राष्ट्रीय ओलंपिक समिति का मुख्यालय कहाँ स्थित है ?

Ans:- लुसान (स्विट्जरलैंड)

123. सन 2012 में ओलंपिक खेल कहाँ हुए ?

Ans:- लन्दन

124. ओलंपिक ध्वज में कितने गोले हैं ?

Ans:- 5

125. एक ओलंपिक में सर्वाधिक स्वर्ण पदक जीतने वाला खिलाड़ी कौन है ?

Ans:- माइकल फेल्प्स

126. सन 2020 में ओलंपिक खेल कहाँ होंगे ?

Ans:- टोकियो (जापान)

127. सन 2012 के ओलंपिक खेलों में कांस्य पदक जीतने वाली सायना नेहवाल का संबंध किस खेल से है ?

Ans:- बेडमिन्टन

128. भारत ने ओलंपिक खेलों में पहली बार किस वर्ष भाग लिया था ?

Ans:- सन 1900

129. ओलंपिक खेलों में पदक जीतने वाली पहली भारतीय महिला खिलाड़ी कौन है ?

Ans:- कर्णम मल्लेश्वरी

130. Back to the Vedas (वेदों की ऑर लौटो) नारा किसने दिया था ?

Ans:- महर्षि दयानंद

131. प्रसिद्द झंडा गीत "झंडा ऊँचा रहे हमारा" की रचना किसने की थी ?

Ans:- श्यामलाल गुप्त पार्षद

132. पशुओं में 'मिल्क फीवर' बीमारी किसकी कमी के कारण होती है ?

Ans:- कैल्शियम

133. मानव शरीर के किस अंग द्वारा यूरिया को रक्त से फ़िल्टर किया जाता है ?

Ans:- गुर्दे

134. किस एकमात्र भारतीय को अर्थशास्त्र में नोबेल पुरस्कार मिला है ?

Ans:- प्रो. अमृत्य सेन

135. भारत रत्न उस्ताद बिस्मिल्ला खाँ किस वाद्य यन्त्र के वादन में विख्यात रहे हैं ?

Ans:- शहनाई

136. भारत के अन्तिम गवर्नर जनरल कौन थे ?

Ans:- सी.राजगोपालाचारी

137. भिलाई इस्पात संयंत्र का निर्माण किस देश के सहयोग से किया गया था ?

Ans:- रूस

138. उतरी ध्रुव में भारत के अनुसन्धान केन्द्र का नाम क्या है ?

Ans:- हिमाद्रि

139. विश्व में माउन्ट एवरेस्ट पर चढ़ने वाली प्रथम महिला कौन थी ?

Ans:- जापान की जुनको तबाई

140. पीलिया किस अंग का रोग है ?

Ans:- यकृत या लीवर

141."द्रव सभी दिशाओं में समान दाब पारित करता है" यह कथन किस नियम से सम्बंधित है ?

Ans:- पास्कल का नियम

142. क्लोरोफिल का खनिज घटक क्या है ?

Ans:- मैग्नीशियम

143. एल.पी.जी. गैस में क्या होता है ?

Ans:- ब्यूटेन

144. किसने सर्वप्रथम अशोक के अभिलेखों को पढ़ा ?

Ans:- जेम्स प्रिंसेप

145. किस बोद्ध भिक्षु के प्रभाव में अशोक ने बोद्ध धर्म ग्रहण किया ?

Ans:- उपगुप्त

146 .कौनसा मुग़ल बादशाह अशिक्षित था ?

Ans:- अकबर

147. अमृतसर शहर की स्थापना किसने की ?

Ans:- गुरु रामदास

148. ग़दर पार्टी का संस्थापक कौन था ?

Ans:- लाला हरदयाल

149. सिख इतिहास में लंगर प्रथा किसने शुरू की ?

Ans:- गुरु अंगद देव

150. सबसे प्राचीन वेद कौनसा है ?

Ans:- ऋग्वेद

151. किस सुल्तान ने अपनी राजधानी दिल्ली से दौलताबाद स्थानान्तरित की ?

Ans:- मोहम्मद बिन तुगलक

152. प्रथम पंचवर्षीय योजना कब प्रारंभ हुई ?

Ans:- 1951 में

153. चीनी यात्री ह्वेनसांग ने किस विश्वविद्यालय में अध्ययन किया ?

Ans:- नालन्दा

154. कौनसा रक्त समूह सर्वदाता कहलाता है ?

Ans:- ओ

155. मनुष्य के शरीर में कितनी हड्डियाँ होती है ?

Ans:- 206

156. सूर्य के प्रकाश से कौनसा विटामिन प्राप्त होता है ?

Ans:- विटामिन D

157. मादा एनाफ्लीज मच्छर के काटने से कौनसा रोग होता है ?

Ans:- मलेरिया

158. टेलीफोन का आविष्कार किसने किया था ?

Ans:- अलेक्जेंडर ग्राहम बेल

159. प्रकाश की गति कितनी होती है ?

Ans:- 300000 कि.मी./ सेकंड

160. पृथ्वी सूर्य का चक्कर लगाती है यह सबसे पहले किसने बताया ?

Ans:- कोपरनिकस

161. प्रकाश वर्ष का सम्बन्ध किससे है ?

Ans:- खगोलीय दूरी

162. स्वर्ण मंदिर कहाँ स्थित है ?

Ans:- अमृतसर

163. चारमीनार कहाँ स्थित है ?

Ans:- हैदराबाद

164. कुतुबमीनार कहाँ स्थित है ?

Ans:- दिल्ली

165. गेटवे आफ इंडिया कहाँ स्थित है ?

Ans:- मुंबई

166. इंडिया गेट कहाँ स्थित है ?

Ans:- नयी दिल्ली

167. ताज महल कहाँ स्थित है ?

Ans:- आगरा

168. 'आजाद हिन्द फौज" की स्थापना कहाँ की गई?

Ans:- सिंगापुर

169. शिक्षक दिवस कब मनाया जाता है ?

Ans:- 5 सितम्बर

170. खेल दिवस कब मनाया जाता है ?

Ans:- 29 अगस्त

171. किसके जन्म दिवस को खेल दिवस के रूप में मनाया जाता है ?

Ans:- मेजर ध्यानचंद

172. विश्व पर्यावरण दिवस कब मनाया जाता है ?

Ans:- 5 जून

173. "करो या मरो" का नारा किसने दिया ?

Ans:- महात्मा गाँधी

174. "जय हिन्द" का नारा किसने दिया ?

Ans:- नेताजी सुभाषचंद्र बोस

175. "दिल्ली चलो" का नारा किसने दिया ?

Ans:- नेताजी सुभाषचंद्र बोस

176. "वेदों की ओर लौटो" का नारा किसने दिया ?

Ans:- दयानंद सरस्वती

177. "इंकलाब ज़िन्दाबाद" का नारा किसने दिया ?

Ans:- भगतसिंह

178. "तुम मुझे खून दो, मैं तुम्हें आज़ादी दूँगा" का नारा किसने दिया ?

Ans:- नेताजी सुभाषचंद्र बोस

179. "आराम हराम है" का नारा किसने दिया ?

Ans:- जवाहरलाल नेहरु

180. "जय जवान जय किसान" का नारा किसने दिया ?

Ans:- लालबहादुर शास्त्री

181. "मारो फ़िरंगी को" का नारा किसने दिया ?

Ans:- मंगल पांडे

182. "सरफ़रोशी की तमन्ना, अब हमारे दिल में है,
देखना है ज़ोर कितना बाजु-ए-कातिल में है" का नारा किसने दिया ?

Ans:- रामप्रसाद बिस्मिल

183. भारत का नेपोलियन किसे कहा जाता है ?

Ans:- समुद्रगुप्त

184. सती प्रथा के अंत में सबसे अधिक प्रयास किस समाज सुधारक का रहा ?

Ans:- राजा राममोहन राय

185. 'रामकृष्ण मिशन' की स्थापना किसने की— स्वामी विवेकानंद

186. महात्मा गांधी का जन्म दिवस किस तिथि को मनाया जाता है?

Ans:- 2 अक्टूबर

187. महात्मा गांधी का पूरा नाम क्या है?

Ans:- मोहन दास करमचंद गांधी

188. गांधी जी को महात्मा की उपाधि किसने दी थी?

Ans:- रवीद्रनाथ टैगोर

189. 'माई एक्सपेरीमेन्टस विद ट्रूथ' पुस्तक के लेखक कौन थे?

Ans:- महात्मा गांधी

190. भारत का सर्वोच्च नागरिक सम्मान कौनसा है ?

Ans:- भारत रत्न

191. फिल्म के क्षेत्र में दिया जाने वाला सर्वोच्च भारतीय पुरस्कार कौन-सा है?

Ans:- दादा साहेब फाल्के पुरस्कार

192. भारत का सर्वोच्च वीरता पदक का नाम बताएं। परमवीर चक्र

193. भारत का शेक्सपीयर किसे कहा जाता है?

Ans:- कालिदास को

194. कम्प्यूटर का पिता किसे कहा जाता है?

Ans:- चार्ल्स बेबेज

195. अन्तरिक्ष में जाने वाले प्रथम व्यक्ति कौन थे?

Ans:- यूरी गगारिन (रूस)

196. चन्द्रमा पर कदम रखने वाले प्रथम व्यक्ति कौन हैं?

Ans:- नील आर्मस्ट्रांग

197. अन्तरिक्ष में जाने वाले प्रथम भारतीय कौन हैं?

Ans:- राकेश शर्मा

198. प्रथम भारतीय उपग्रह का नाम क्या हैं और इसे कब छोड़ा गया ?

Ans:- आर्यभट्ट सन, 1975 में

199. संयुक्त राष्ट्र संघ के वर्तमान महासचिव कौन हैं?

Ans:- बान की मून

200. अन्तर्राष्ट्रीय महिला दिवस किस तिथि को मनाया जाता है?

Ans:- 8 मार्च

201. घेंघा रोग किसकी कमी से होता है ?

Ans:- आयोडीन

202. कौनसी ग्रंथि इन्सुलिन स्रावित करती है ?

Ans:- अग्नाशय

203. ड्रूंड कप का सम्बन्ध किस खेल से है ?

Ans:- फुटबॉल

204. भारत का सबसे बड़ा बांध कौनसा है ?

Ans:- हीराकुंड बांध

205. संविधान की 8वीं अनुसूची में कितनी भारतीय भाषाओं को मान्यता दी गयी है ?

Ans:- 22

206. चीन की मुद्रा कौनसी है ?

Ans:- युआन

207. रेडक्रॉस के संस्थापक कौन हैं ?

Ans:- हेनरी ड्रूनांट

208. हीमोग्लोबिन की कमी से होने वाला रोग कौनसा है ?

Ans:- एनीमिया

209. भारत कोकिला कौन कहलाती है ?

Ans:- सरोजिनी नायडू

210. दिल्ली में कुतुबमीनार किसने बनवानी शुरु की थी ?

Ans:- कुतुबुद्दीन ऐबक

211. बनारस हिन्दू विश्वविद्यालय के संस्थापक कौन थे ?

Ans:- मदनमोहन मालवीय

212. अर्थशास्त्र के लेखक कौन थे ?

Ans:- चाणक्य (कौटिल्य)

213. विवेकानंद स्मारक कहाँ स्थित है ?

Ans:- कन्याकुमारी

214. दक्षेस का मुख्यालय कहाँ स्थित है ?

Ans:- काठमांडू (नेपाल)

215. दक्षेस के कितने देश सदस्य हैं ?

Ans:- 8 (भारत, नेपाल, बांग्लादेश, श्रीलंका, मालदीव, भूटान, पाकिस्तान, अफगानिस्तान)

216. भारत की तट रेखा की लम्बाई कितनी है ?

Ans:- 7516

217. विश्व में अभ्रक (Mica) का सर्वाधिक उत्पादन किस देश में होता है ?

Ans:- भारत

218. ग्रांट-ट्रंक रोड किसने बनवाया ?

Ans:- शेरशाह सूरी

219. विटामिन 'B' की कमी से कौनसा रोग होता है ?

Ans:- बेरी-बेरी

220. विटामिन 'C' की कमी से कौनसी बीमारी होती है ?

Ans:- स्कर्वी

221. दूध में कौनसा विटामिन नहीं होता है ?

Ans:- विटामिन 'C'

222. विटामिन 'D' की कमी से कौनसा रोग होता है ?

Ans:- रिकेट्स

223. किस विटामिन की कमी से खून का थक्का नहीं जमता ?

Ans:- विटामिन 'K'

224. विटामिन 'E' की कमी से कौनसा रोग होता है ?

Ans:- बांझपन

225. विटामिन 'C' का रासायनिक नाम क्या है ?

Ans:- एस्कोर्बिक अम्ल

226. वसा में घुलनशील विटामिन कौनसे हैं ?

Ans:- 'A' और 'E'

227. साधारण नमक का रासायनिक नाम क्या है ?

Ans:- NaCl

228. हँसाने वाली गैस का रासायनिक नाम क्या है ?

Ans:- नाइट्रस ऑक्साइड (N2O)

229. धावन सोड़ा का रासायनिक नाम क्या है ?

Ans:- सोड़ियम कार्बोनेट

230. पीतल किन दो धातुओं का मिश्रण है ?

Ans:- तांबा और जस्ता

231. कैल्सीफेराॉल किस विटामिन का रासायनिक नाम है ?

Ans:- विटामिन 'D'

232. नेत्रदान में नेत्र के किस भाग का दान किया जाता है ?

Ans:- कॉर्निया

233. किस विटामिन में कोबाल्ट होता है ?

Ans:- विटामिन बी-12

234. कोशिका का पावरहाउस किसे कहा जाता है ?

Ans:- माइटोकॉंड्रिया

235. लाल रक्त कणिकाओं का निर्माण हमारे शरीर के किस भाग में होता है ?

Ans:- अस्थि मज्जा (Bone Marrow)

236. राष्ट्रीय विज्ञान दिवस कब मनाया जाता है ?

Ans:- 28 फरवरी

237. ब्लडप्रेशर मापने के लिए किस यंत्र का प्रयोग किया जाता है ?

Ans:- स्फिग्मोमैनोमीटर

238. कंप्यूटर की परमानेंट मैमोरी क्या कहलाती है ?

Ans:- ROM-Read Only Memory

239. किस अधिवेशन में कांग्रेस उदारवादी और उग्रवादी नामक दो दलों में विभाजित हो गयी थी ?

Ans:- 1907 के सूरत अधिवेशन में

240. तंजौर का वृहदेश्वर मंदिर किसने बनवाया था ?

Ans:- राजराजा प्रथम चोल ने

241. मुगल सम्राट अकबर का जन्म कहाँ हुआ था ?

Ans:- अमरकोट के दुर्ग में

242. वर्ष 2014 का फुटबॉल विश्वकप किस देश में आयोजित होगा ?

Ans:- ब्राज़ील

243. वर्ष 2018 का फुटबॉल विश्वकप किस देश में आयोजित होगा ?

Ans:- रूस

244. वर्ष 2014 के कामनवेल्थ खेल कहाँ होंगे ?

Ans:- ग्लासगो (स्कॉटलैंड)

245. वर्ष 2015 का क्रिकेट विश्वकप कहाँ आयोजित होगा ?

Ans:- न्यूजीलैंड और ऑस्ट्रेलिया में

246. संसद के दोनों सदनों की संयुक्त बैठक की अध्यक्षता कौन करता है ?

Ans:- लोकसभा अध्यक्ष

247. भारत के प्रथम लोकसभा अध्यक्ष कौन थे ?

Ans:- गणेश वासुदेव मावलंकर

248. भारतीय संविधान के किस अनुच्छेद के अंतर्गत जम्मू-कश्मीर को विशेष दर्जा प्राप्त है ?

Ans:- अनुच्छेद 370

249. कोई विधेयक धन विधेयक है या नहीं, इसका निर्णय कौन करता है ?

Ans:- लोकसभा अध्यक्ष

250. विश्व का सबसे बड़ा महाद्वीप कौनसा है ?

Ans:- एशिया

251. हैदराबाद किस नदी पर बसा है ?

Ans:- मूसी

252. विश्व में चांदी का सबसे बड़ा उत्पादक देश कौनसा है ?

Ans:- मैक्सिको

253. क्षेत्रफल के अनुसार विश्व का सबसे छोटा देश कौनसा है ?

Ans:- वैटिकन सिटी

254. स्वेज नहर किन दो सागरों को जोड़ती है ?

Ans:- भूमध्यसागर और लाल सागर

255. पनामा नहर किन दो महासागरों को जोड़ती है ?

Ans:- प्रशांत महासागर और उत्तरी अटलांटिक महासागर

256. भारत के संघीय क्षेत्र 'दादरा और नगर हवेली' की राजधानी कौनसी है ?

Ans:- सिल्वासा

257. क्षेत्रफल की दृष्टि से भारत का सबसे बड़ा राज्य कौनसा है ?

Ans:- राजस्थान

258. पृथ्वी दिवस कब मनाया जाता है ?

Ans:- 22 अप्रैल

259. फूलों की घाटी किस राज्य में है ?

Ans:- उत्तराखंड में

260. वर्ष 2011 में नवनिर्मित राष्ट्र दक्षिणी सूडान की राजधानी कौनसी है ?

Ans:- जूबा

261. योजना आयोग का अध्यक्ष कौन होता है ?

Ans:- प्रधानमंत्री

262. आईने अकबरी का लेखक कौन था ?

Ans:- अबुल फजल

263. होपमेन कप किस खेल से सम्बंधित है ?

Ans:- टेनिस

264. देशबंधु के नाम से कौन जाने जाते हैं ?

Ans:- चितरंजन दास

265. अशोक चक्र मे कितनी तिलिया होती है?

Ans:- 24

266. भारत मे सबसे पहली फिल्म कौन सी बनी?

Ans:- राजा हरिश्चन्द्र

267. सबसे छोटी हड्डी कौनसी है ?

Ans:- स्टेपिज़

268. सबसे बड़ी हड्डी कौनसी है ?

Ans:- फीमर (जांघ की हड्डी)

269. मानव शरीर में कितनी पेशियाँ हैं ?

Ans:- 639

270. लाल रक्त कणिका (RBC) का जीवनकाल कितना होता है ?

Ans:- 120 दिन

271. जंग लगने से बचाने के लिए लोहे पर जस्ते की परत चढ़ाने की क्रिया को क्या कहते है?

Ans:- जस्तीकरण या गल्वेनिकरण (गेल्वेनाइजेशन)

272. मानव शरीर की सबसे बड़ी ग्रंथि का नाम क्या है?

Ans:- यकृत

273. भारत का प्रथम तेल शोधन संयंत्र कहां पर स्थित है?

Ans:- डिगबोई (असोम)

274. UNESCO द्वारा कलिंग पुरस्कार किस क्षेत्र के लिए दिया जाता है ?

Ans:- विज्ञान के क्षेत्र में

275. हैदराबाद में चार मीनार का निर्माण किसने करवाया ?

Ans:- कुली कुतुबशाह

277. कांग्रेस द्वारा पूर्ण स्वाधीनता का प्रस्ताव कब और कहाँ पारित किया गया ?

Ans:- सन 1929 के लाहौर अधिवेशन में

278. स्वेत क्रांति का सम्बन्ध किस से है ?

Ans:- दूध से

279. भारत का सबसे पुराना चालू रेल इंजन कौन सा है ?

Ans:- फेयरी क्वीन

280. भारत में आपातकाल की प्रथम घोषणा कब की गई ?

Ans:- चीनी आक्रमण के समय (26 अक्टूबर 1962)

281. भारत में भाषा के आधार बनने वाला पहला राज्य कौनसा है ?

Ans:- आंध्रप्रदेश

282. भारत पर हमला करने वाला प्रथम मुस्लिम आक्रमणकारी कौन था ?

Ans:- मुहम्मद बिन कासिम (712 ई.)

283. सेल्यूकस का राजदूत जो चंद्रगुप्त मौर्य के दरबार में आया, कौन था ?

Ans:- मैग्स्थनीज

284. श्रीलंका का पुराना नाम क्या है ?

Ans:- सिलोन

285. विटामिन्स की खोज किसने की ?

Ans:- फंक ने

286. स्टेनलैस स्टील किसकी मिश्र धातु होती है ?

Ans:- आयरन, क्रोमियम,निकिल

287. कांसा किसकी मिश्र धातु होती है ?

Ans:- कॉपर तथा टिन

288. स्वामी विवेकानंद ने शिकागो में हुए विश्व धर्म सम्मेलन को कब संबोधित किया ?

Ans:- 1893 में

289. जलियांवाला बाग हत्याकांड कब हुआ ?

Ans:- 13 अप्रैल 1919

290. पृथ्वी पर उत्तरी गोलार्ध में सबसे बड़ा दिन कब होता है ?

Ans:- 21 जून

291. महात्मा बुद्ध ने अपना पहला उपदेश कहाँ दिया था ?

Ans:- सारनाथ

292. साइमन कमीशन के बहिष्कार के दौरान लाठी चार्ज से किस नेता की मृत्यु हो गयी थी ?

Ans:- लाला लाजपत राय

293. भारत में निर्मित प्रथम कंप्यूटर का क्या नाम है ?

Ans:- सिद्धार्थ

294. 'गायत्री मन्त्र' का उल्लेख किस ग्रंथ में है ?

Ans:- ऋग्वेद

295. मानव शरीर में पाचन क्रिया अधिकतर किस अंग में संपन्न होती है ?

Ans:- छोटी आंत

296. आनुवांशिकता के नियमों का प्रतिपादन किसने किया ?

Ans:- ग्रगोर मैंडल ने

297. मानव द्वारा सबसे पहले किस धातु का प्रयोग किया गया ?

Ans:- तांबा

298. बाल पेन किस सिद्धांत पर काम करता है ?

Ans:- पृष्ठीय तनाव

299. रेशम के कीड़े किस वृक्ष की कोमल पत्तियों पर पाले जाते हैं ?

Ans:- शहतूत

300. राजस्थान में खेतड़ी किसके लिए प्रसिद्ध है ?

Ans:- तांबे की खान

301. पृथ्वी के सबसे नजदीक ग्रह कौनसा है ?

Ans:- शुक्र

302. मनुष्य की आँख में किसी वस्तु का प्रतिबिम्ब कहाँ बनता है ?

Ans:- रेटिना

303. सूर्य से पृथ्वी पर ऊष्मा का संचरण किस विधि के द्वारा होता है ?

Ans:- विकिरण

304. डी.एन.ए. की द्विगुणित कुंडली का पता किसने लगाया ?

Ans:- वाटसन और क्रिक

305. ध्वनि की तीव्रता किसमें मापी जाती है ?

Ans:- डेसीबल

306. मधुमक्खी पालन क्या कहलाता है ?

Ans:- एपीकल्चर

307. किसी वेबसाइट के प्रथम पृष्ठ को क्या कहा जाता है ?

Ans:- होमपेज

308. गाड़ियों में पीछे का दृश्य देखने के लिए किस दर्पण का प्रयोग किया जाता है ?

Ans:- उत्तल

309. सामान्य परिस्थितियों में हवा में ध्वनि की गति कितनी होती है ?

Ans:- 332 मी./ सेकंड

310. वह एकमात्र ग्रह कौनसा है जो अपनी धुरी पर पूर्व से पश्चिम दिशा में घूमता है ?

Ans:- शुक्र

311. सूर्य में सर्वाधिक गैस कौनसी है ?

Ans:- हाइड्रोजन

312. पृथ्वी से दिखाई देने वाला सबसे चमकीला ग्रह कौनसा है ?

Ans:- शुक्र

313. सौरमंडल की आयु कितनी है ?

Ans:- 4.6 अरब वर्ष

314. कौनसा पुच्छल तारा 76 वर्ष बाद दिखाई देता है ?

Ans:- हेली पुच्छल तारा

315. पृथ्वी और सूर्य के बीच दूरी कितनी है ?

Ans:- 15 करोड़ किलोमीटर

316. सूर्य का प्रकाश पृथ्वी तक पहुँचने में कितना समय लेता है ?

Ans:- 500 सेकंड

317. भारत ने पहला परमाणु परीक्षण कब और कहाँ किया था ?

Ans:- 14 मई 1974 को पोखरण (राजस्थान) में

318. कंप्यूटर के जिस भाग को हम स्पर्श कर सकते हैं वह क्या कहलाता है ?

Ans:- हार्डवेयर

319. कैंसर के उपचार में प्रयुक्त उत्कृष्ट गैस कौनसी है ?

Ans:- रेडान

320. मोनेजाइट बालू में कौनसा खनिज पाया जाता है ?

Ans:- थोरियम

321. शरीर में सबसे बड़ी अंतःस्रावी ग्रंथि कौनसी है ?

Ans:- थायराइड

322. संसार का विशालतम स्तनधारी कौनसा है ?

Ans:- व्हेल मछली

323. ब्लड ग्रुप की खोज किसने की थी ?

Ans:- लैंड स्टेनर

324. ऐलुमिनियम का प्रमुख अयस्क कौनसा है ?

Ans:- बॉक्साइट

325. पहला कृत्रिम उपग्रह कौनसा था ?

Ans:- स्पुतनिक-1

326. किस उपकरण द्वारा यांत्रिक ऊर्जा को विद्युत् ऊर्जा में परिवर्तित किया जाता है ?

Ans:- डायनेमो

327. कंप्यूटर की अस्थायी स्मृति क्या कहलाती है ?

Ans:- RAM-Random Excess Memory

328. रिक्टर पैमाने द्वारा क्या मापा जाता है ?

Ans:- भूकंप की तीव्रता

329. भू-पटल में सबसे अधिक कौनसी धातु है ?

Ans:- एल्युमीनियम

330. किस ग्रह को सांध्य तारा कहते हैं ?

Ans:- शुक्र

331. वायुमंडल की सबसे निचली सतह को क्या कहते हैं ?

Ans:- क्षोभमंडल

332. पृथ्वी को 1 डिग्री देशांतर घूमने में कितना समय लगता है ?

Ans:- 4 मिनट

333. प्लास्टर ऑफ़ पेरिस किससे बनता है ?

Ans:- जिप्सम

334. मछलियाँ किसकी सहायता से साँस लेती है ?

Ans:- गलफड़ों

335. हरे पौधों द्वारा भोजन बनाने की क्रिया क्या कहलाती है ?

Ans:- प्रकाश संश्लेषण

336. दूध से क्रीम किस प्रक्रिया से बनाई जाती है ?

Ans:- अपकेन्द्रिय बल

337. रिजर्व बैंक आफ इण्डिया का मुख्यालय कहाँ है?

Ans:- मुंबई

338. किसे सीमांत गाँधी कहा जाता है ?

Ans:- खान अब्दुल गफ्फार खान

339. विश्व का सबसे बड़ा द्वीप कौन सा है?

Ans:- ग्रीनलैंड

340. स्वतन्त्र भारत के प्रथम राष्ट्रपति कौन थे?

Ans:- डॉ. राजेन्द्र प्रसाद

341. काली मिट्टी किस फसल के लिए सर्वाधिक उपयुक्त है?

Ans:- कपास

342. कौन-सा विदेशी आक्रमणकारी 'कोहिनूर हीरा' एवं 'मयूर सिंहासन' लूटकर अपने साथ स्वदेश ले गया?

Ans:- नादिरशाह

343. भारत में सबसे पुरानी पर्वत श्रृंखला कौन सी है ?

Ans:- अरावली पर्वतमाला

344. धरती के तल का लगभग कितने प्रतिशत पानी है ?

Ans:- 71%

345. भारत की सबसे लम्बी स्थलीय सीमा किस देश से लगती है ?

Ans:- बांग्लादेश

346. हमारे सौर मण्डल का सबसे बड़ा ग्रह कौनसा है ?

Ans:- बृहस्पति

347. किस नदी को 'बिहार का शोक' कहा जाता है?

Ans:- कोसी

348. गैस सिलेंडरों से गैस लीकेज का पता लगाने के लिए उसमे किस गंध युक्त पदार्थ को मिलाया जाता है ?

Ans:- इथाइल मर्केप्टेन

349. वायुमंडल में सबसे अधिक किस गैस का प्रतिशत है?

Ans:- नाइट्रोजन

350. कोणार्क का सूर्य मन्दिर किस प्रदेश में स्थित है?

Ans:- ओड़िसा

351. किस देश से अलग होकर वर्ष 1971 में बांग्लादेश का निर्माण हुआ था?

Ans:- पाकिस्तान

352. कंप्यूटर भाषा में W W W का अर्थ क्या है ?

Ans:- World Wide Web

353. एक किलोबाइट (KB) में कितनी बाइट होती है ?

Ans:- 1024 बाईट

354. भारतीय राष्ट्रीय कांग्रेस के 1929 के ऐतिहासिक अधिवेशन की अध्यक्षता किसने की ?

Ans:- जवाहर लाल नेहरु

355. केन्द्रीय असेम्बली में बम फेंकने में भगत सिंह का साथी कौन था ?

Ans:- बटुकेश्वर दत्त

356. मुस्लिम लीग ने भारत विभाजन की मांग सबसे पहले कब की थी ?

Ans:- 1940

357. कॉमनवील पत्रिका का प्रकाशन किसने किया था ?

Ans:- ऐनी बेसेन्ट ने

358. किस एकमात्र भारतीय को अर्थशास्त्र में नोबेल पुरस्कार मिला है ?

Ans:- अमर्त्य सेन

359. 1856 में विधवा पुनर्विवाह क़ानून किसके प्रयासों से बनाया गया था ?

Ans:- ईश्वरचंद्र विद्यासागर के प्रयासों से

360. लॉर्ड केनिंग ने नवंबर 1858 में कहाँ आयोजित दरबार में भारत में क्राउन के शासन की घोषणा की ?

Ans:- इलाहाबाद में आयोजित दरबार में

361. लॉर्ड वेलेजली के साथ सबसे पहले सहायक संधि किस राज्य के शासक ने की ?

Ans:- हैदराबाद के निजाम ने

362. भारत की सर्वाधिक बड़ी जनजाति कौनसी है ?

Ans:- गोंड

363. भारतीय राष्ट्रीय कांग्रेस की प्रथम महिला अध्यक्ष कौन थी?

Ans:- ऐनी बेसेन्ट

364. 'शहीद-ए-आजम' के नाम से कौन जाने जाते हैं?

Ans:- भगत सिंह

365. किस योजना के फलस्वरूप भारत का विभाजन हुआ?

Ans:- — माउंटबेटन योजना के फलस्वरूप

366. जनरल डायर (जलियाँवाला बाग हत्याकांड से जुड़े) की हत्या किसने की थी?

Ans:- उधम सिंह ने

367. बंगाल का विभाजन कब और किसके द्वारा किया गया था?

Ans:- 1905 ई. में गवर्नर लार्ड कर्जन द्वारा

368. भारत में कुल कितने उच्च न्यायालय हैं?

Ans:- 24

369. प्रथम लोकसभा का अध्यक्ष कौन था?

Ans:- जी. वी. मावलंकर

370. संविधान सभा का अस्थायी अध्यक्ष किसे चुना गया?

Ans:- सच्चिदानन्द सिन्हा

371. कुचिपुड़ी नृत्य शैली मुख्यतः किस राज्य से सम्बन्धित मानी जाती है?

Ans:- आंध्रप्रदेश

372. मोहिनीअट्टम नृत्य शैली मुख्यतः किस राज्य से सम्बन्धित मानी जाती है?

Ans:- केरल

373. भरतनाट्यम नृत्य शैली मुख्यतः किस राज्य से सम्बन्धित मानी जाती है?

Ans:- तमिलनाडु

374. कथकली किस राज्य का शास्त्रीय नृत्य है ?

Ans:- केरल

375. केसर' का सर्वाधिक उत्पादन किस राज्य में होता है ?

Ans:- जम्मू कश्मीर

376. भारत में प्रथम बहुउद्देशय परियोजना का निर्माण किस नदी पर किया गया ?

Ans:- दामोदर

377. इंडियन नेशनल कांग्रेस के प्रथम अध्यक्ष कौन थे ?

Ans:- वोमेशचन्द्र बनर्जी

378. गांधीजी किसे अपना राजनितिक गुरु मानते थे ?

Ans:- गोपालकृष्ण गोखले

379. अन्तराष्ट्रीय शांति एवं सुरक्षा को बनाए रखने की जिम्मेदारी संयुक्त राष्ट्र संघ के किस अंग की है?

Ans:- सुरक्षा परिषद्

380. नोबेल पुरस्कार पाने बाला पहला भारतीय नागरिक कौन था ?

Ans:- रविन्द्रनाथ टैगोर (1913 में)

381. मिड डे मील योजना किस वर्ष शुरु हुई ?

Ans:- 1995 में

382. बंग्लादेश का राष्ट्रगान कौनसा है और इसे किसने लिखा है ?

Ans:- 'आमार सोनार बांग्ला' जो रवीन्द्रनाथ टैगोर ने लिखा है

383. लोधी वंश का संस्थापक कौन था ?

Ans:- बहलोल लोधी

384. किस संविधान संशोधन को 'मिनी कॉन्स्टीट्यूशन' कहते है ?

Ans:- 42वे

386. गोताखोर पानी के अंदर सांस लेने के लिए कौन कौन सी गैसों का मिश्रण ले जाते हैं ?

Ans:- आक्सीजन और हीलियम गैसों का मिश्रण

386. होम्योपैथी का संस्थापक कौन था ?

Ans:- हनीमैन

387. फलों को पकाने में कौन सी गैस उपयोग में लायी जाती है?

Ans:- ऐथिलीन

388. भारतीय राष्ट्रीय कलेंडर का पहला माह कौन सा है?

Ans:- चैत्र

389. पं. हरिप्रसाद चौरसिया कौनसा वाद्य यंत्र बजाते हैं ?

Ans:- बाँसुरी

390. भारत का प्रधानमंत्री बनने के लिए कम-से-कम कितनी आयु होनी चाहिए ?

Ans:- 25 वर्ष

391. साँची के स्तूप का निर्माण किसने करवाया था ?

Ans:- अशोक

392. यक्षगान किस राज्य का लोकनृत्य है ?

Ans:- कर्नाटक

393. मैकमोहन रेखा किन दो देशों के बीच सीमा बनाती है ?

Ans:- भारत-चीन

394. प्याज में खाद्य भाग कौनसा है ?

Ans:- तना

395. श्रव्य परिसर में ध्वनि तरंगों की आवृति कितनी होती है ?

Ans:- 20 Hz से 20000 Hz

396. मधुबनी किस राज्य की लोक चित्रकला शैली है ?

Ans:- बिहार

397. विश्व का सबसे ऊँचा पर्वत शिखर माउंट एवरेस्ट किस देश में स्थित है ?

Ans:- नेपाल

398. किस नदी को दक्षिण गंगा कहा जाता है ?

Ans:- गोदावरी

399. निर्विरोध चुने जाने वाले एकमात्र राष्ट्रपति कौन थे ?

Ans:- नीलम संजीवा रेड्डी

400. संसार का सबसे बड़ा डेल्टा सुंदरबन डेल्टा कौनसी नदियाँ बनाती हैं ?

Ans:- गंगा-ब्रह्मपुत्र

401. सिन्धु घाटी सभ्यता का बंदरगाह वाला नगर कौनसा था ?

Ans:- लोथल

402. किसे सितार और तबले का जनक माना जाता है ?

Ans:- अमीर खुसरो

403. विश्व का सबसे ऊँचा पठार कौनसा है ?

Ans:- पामीर या तिब्बत का पठार

404. योजना आयोग का अध्यक्ष कौन होता है ?

Ans:- प्रधानमंत्री

405. वनस्पति घी के निर्माण में कौनसी गैस प्रयुक्त होती है ?

Ans:- हाइड्रोजन

406. इंग्लिश चैनल पार करने वाला पहला भारतीय कौन था ?

Ans:- मिहिर सैन

407. एक अश्व शक्ति कितने वाट के बराबर होती है ?

Ans:- 746 वाट

408. पानी की बूंदों के गोल होने का क्या कारण है ?

Ans:- पृष्ठीय तनाव

409. मानव निर्मित प्रथम रेशा कौनसा है ?

Ans:- नायलॉन

410. स्पष्ट प्रतिध्वनि सुनने के लिए श्रोता एवं परावर्तक के बीच की दूरी होनी चाहिए ?

Ans:- 17 मीटर

411. किस माध्यम में प्रकाश की चाल सर्वाधिक होती है ?

Ans:- निर्वात

412. किस रंग के प्रकाश का प्रकीर्णन सबसे अधिक होता है ?

Ans:- बैंगनी

413. वाहनों की हेडलाइट में किस दर्पण का उपयोग किया जाता है ?

Ans:- अवतल

414. आकाश में तारे टिमटिमाते क्यों दिखते हैं?

Ans:- प्रकाश के अपवर्तन के कारण

415. प्राथमिक रंग किसे कहा जाता है ?

Ans:- लाल, हरा, नीला

416. वायुयानों के टायरों में कौनसी गैस भरी जाती है ?

Ans:- हीलियम

417. टाँका धातु या सोल्डर में किस धातु का मिश्रण होता है?

Ans:- टिन व सीसा

418. ग्लूकोमा रोग शरीर के किस अंग से संबंधित है?

Ans:- आँख

419. विश्व की पहली महिला अंतरिक्ष यात्री का नाम क्या है?

Ans:- वेलेंटाइना तेरेश्कोवा

420. 'ऑरिजन ऑफ स्पीशिज बाई नेचुरल सलेक्शन' पुस्तक के लेखक कौन थे?

Ans:- चार्ल्स डार्विन

421. सिनेबार किस धातु का अयस्क है?

Ans:- पारा या मरकरी

422. कौन सा यंत्र दूध में पानी की मात्रा मापने के लिए प्रयोग किया जाता है ?

Ans:- लैक्टोमीटर

423. "हाइड्रोजन बम्ब" किस सिद्धांत पर आधारित है ?

Ans:- नाभिकीय संलयन

424. पैलाग्रा रोग किस विटामिन की कमी से होता है ?

Ans:- विटामिन B-3

425. मछलियों के यकृत-तेल में किसकी प्रचुरता होती है ?

Ans:- विटामिन D

426. भूस्थिर उपग्रह की पृथ्वी से ऊँचाई कितनी होती है ?

Ans:- 36,000 किलोमीटर

427. मनुष्य के शरीर का तापमान कितना होता है ?

Ans:- 37° C या 98.4 F

428. लेंस की क्षमता का मात्रक क्या है?

Ans:- डायोप्टर

429. कम्प्यूटर की IC चिप्स किस पदार्थ की बनी होती हैं?

Ans:- सिलिकन की

430. पारसेक (Parsec) किसकी इकाई है?

Ans:- खगोलीय दूरी की

431. पानी का घनत्व अधिकतम किस तापमान पर होता है?

Ans:- 4°C पर

432. पराश्रव्य तरंगों की आवृत्ति कितनी होती है?

Ans:- 20,000 हट्र्ज से अधिक

433. मनुष्य का वैज्ञानिक नाम क्या है ?

Ans:- होमो सेपियन्स

434. ब्रिटिश संसद के लिए चुने जाने वाले पहले भारतीय कौन थे ?

Ans:- दादा भाई नैरोजी

435. भारत के किस राज्य में चावल का सबसे अधिक उत्पादन होता है ?

Ans:- पश्चिमी बंगाल

436. भारत में ब्रह्मा जी का एकमात्र मंदिर कहाँ है ?

Ans:- पुष्कर (राजस्थान)

437. पागल कुत्ते के काटने से कौनसा रोग होता है ?

Ans:- रैबीज या हाइड्रोफोबिया

438. राज्यसभा का पदेन सभापति कौन होता है ?

Ans:- उपराष्ट्रपति

439. दो बार नोबल पुरस्कार प्राप्त करने वाले प्रथम व्यक्ति कौन है ?

Ans:- मैडम मैरी क्यूरी

440. SAARC (सार्क) या दक्षेस का मुख्यालय कहाँ है ?

Ans:- काठमांडू (नेपाल)

441. प्रथम परमवीर चक्र विजेता कौन थे ?

Ans:- मेजर सोमनाथ शर्मा

442. भारतीय राष्ट्रीय कांग्रेस की पहली भारतीय महिला अध्यक्ष कौन थी ?

Ans:- सरोजिनी नायडु

443. सन 1983 की विश्व कप विजेता भारतीय क्रिकेट टीम के कप्तान कौन थे ?

Ans:- कपिलदेव

444. राष्ट्रपति राज्यसभा में कितने सदस्य मनोनीत कर सकता है ?

Ans:- 12

445. नोबल पुरस्कार किस वर्ष शुरु हुए ?

Ans:- 1901

446. बंग्लादेश की मुद्रा कौनसी है ?

Ans:- टका

447. रामायण किसने लिखी ?

Ans:- महर्षि बाल्मीकि

448. भारत में गन्ने का सर्वाधिक उत्पादन किस राज्य में होता है ?

Ans:- उत्तर प्रदेश

449. पायोरिया रोग शरीर के किस अंग को प्रभावित करता है ?

Ans:- दांत और मसूड़े

450. नासिक किस नदी के किनारे स्थित है ?

Ans:- गोदावरी

451. राष्ट्रपति को शपथ कौन दिलाता है ?

Ans:- सर्वोच्च न्यायालय का मुख्य न्यायधीश

452. जापान की मुद्रा कौनसी है ?

Ans:- येन

453. इंडियन मिलेट्री अकादमी कहाँ स्थित है ?

Ans:- देहरादून

454. माऊंट एवरेस्ट पर चढ़ने वाली पहली भारतीय महिला कौन है ?

Ans:- बछेंद्री पाल

455. डेविस कप का सम्बन्ध किस खेल से है ?

Ans:- टेनिस

456. माऊंट एवरेस्ट पर दो बार चढ़ने वाली पहली भारतीय महिला कौन है ?

Ans:- संतोष यादव

457. सर्वोच्च न्यायालय का मुख्य न्यायधीश कब तक अपने पद पर रहता है ?

Ans:- 65 वर्ष की आयु तक

458. संसद का उच्च सदन कौनसा है ?

Ans:- राज्यसभा

459. पंचतंत्र का लेखक कौन है ?

Ans:- विष्णु शर्मा

460. सन 1954 में हुआ भारत-चीन समझौता किस नाम से जाना जाता है ?

Ans:- पंचशील समझौता

461. सन 2010 में फुटबॉल विश्वकप किस देश ने जीता था ?

Ans:- स्पेन

462. राष्ट्रीय रक्षा अकादमी कहाँ स्थित है ?

Ans:- पूना के पास खडगवासला में

463. 'डिस्कवरी ऑफ़ इंडिया' पुस्तक किसने लिखी ?

Ans:- जवाहरलाल नेहरु

464. एक स्वस्थ मनुष्य का हृदय एक मिनट में कितनी बार धड़कता है ?

Ans:- 72 बार

465. भारत में पहली बार जनगणना कब हुई ?

Ans:- 1872

466. 'डबल फाल्ट' शब्द किस खेल में प्रयुक्त होता है ?

Ans:- टेनिस

467. भारतीय थल सेना के पहले भारतीय सेनाध्यक्ष कौन थे ?

Ans:- जनरल के.एम्.करियप्पा

468. 'लाई हरोबा' किस राज्य का लोकनृत्य है ?

Ans:- मणिपुर

469. भारत के किस राज्य में रबर का सबसे अधिक उत्पादन होता है ?

Ans:- केरल

470. कोलकाता किस नदी के किनारे है ?

Ans:- हुगली

471. 'पौधों में जीवन होता है' यह किस भारतीय वैज्ञानिक ने बताया था ?

Ans:- जगदीश चन्द्र बसु

472. महात्मा गाँधी द्वारा साबरमती आश्रम कहाँ स्थापित किया गया ?

Ans:- अहमदाबाद

473. मनुष्य के शरीर में कितने गुणसूत्र होते हैं ?

Ans:- 23 जोड़े या 46

474. चंद्रग्रहण कब लगता है ?

Ans:- पूर्णिमा

475. भारत छोड़ो आन्दोलन कब शुरु हुआ ?

Ans:- 8 अगस्त 1942

476. मनुष्य के शरीर का सामान्य रक्तदाब कितना होता है ?

Ans:- 80 से 120 मि.मी.

477. उत्तरी गोलाद्र्ध में सबसे छोटा दिन कब होता है ?

Ans:- 22 दिसंबर

478. 'रामचरितमानस' किसने लिखी ?

Ans:- तुलसीदास

479. प्रथम एशियाई खेल कब और कहाँ आयोजित किए गए ?

Ans:- मई 1951 में नयी दिल्ली में

480. वायुमंडलीय दाब किस यंत्र से मापा जाता है ?

Ans:- बैरोमीटर

481. हरियाणा का पहला महिला विश्वविद्यालय कौनसा है और कहाँ है ?

Ans:- भगत फूल सिंह महिला विश्वविद्यालय खानपुर कलां (सोनीपत)

482. टेस्ट मैचों की एक पारी में सभी दसों विकेट लेने वाला भारतीय कौन है ?

Ans:- अनिल कुंबले

483. सन 2018 में फुटबॉल विश्वकप कहाँ होगा ?

Ans:- रूस

484. संसार में सर्वाधिक जनसंख्या वाला देश कौनसा है ?

Ans:- चीन

485. राष्ट्रपति लोकसभा में कितने सदस्य मनोनीत कर सकता है ?

Ans:- 2

486. सर्वग्राही रक्त समूह कौन सा है ?

Ans:- AB

487. असहयोग आन्दोलन किस वर्ष शुरु हुआ ?

Ans:- 1920

488. 'पेनाल्टी स्ट्रोक' किस खेल में प्रयुक्त होता है ?

Ans:- हॉकी

489. भारतीय संसद का निम्न सदन कौनसा है ?

Ans:- लोकसभा

490. सिख धर्म की स्थापना किसने की थी ?

Ans:- गुरु नानकदेव ने

491. भारत में जनगणना कितने वर्षों बाद होती है ?

Ans:- 10

492. मेघदूत किसकी रचना है ?

Ans:- कालिदास

493. भारत की स्वतंत्रता के समय ब्रिटेन का प्रधानमंत्री कौन था ?

Ans:- क्लेमेंट एटली

494. एक्जीमा रोग शरीर के किस अंग को प्रभावित करता है ?

Ans:- त्वचा

495. 'स्काउट एंड गाइड्स' संस्था की स्थापना किसने की थी ?

Ans:- रोबर्ट बाडेन पॉवेल

496. संसार का सबसे बड़ा महासागर कौनसा है ?

Ans:- प्रशांत

497. 'पैनल्टी किक' शब्द किस खेल में प्रयुक्त होता है ?

Ans:- फुटबॉल

498. रणजी ट्रॉफी का सम्बन्ध किस खेल से है ?

Ans:- क्रिकेट

499. ज्ञानपीठ पुरस्कार किस क्षेत्र से सम्बंधित है ?

Ans:- साहित्य

500. भारत का सर्वोच्च खेल पुरस्कार कौनसा है ?

Ans:- राजीव गाँधी खेल रत्न पुरस्कार

501. अर्जुन पुरस्कार किस वर्ष शुरु हुए ?

Ans:- 1961

502. भारत की मानक समय रेखा कौनसी है ?

Ans:- 82.5 डिग्री पूर्वी देशांतर रेखा जो इलाहाबाद से गुजरती है

503. मैग्सेसे पुरस्कार पाने वाले पहले भारतीय कौन थे ?

Ans:- बिनोवा भावे

504. 'मोनालिसा' किसकी विश्वविख्यात पेंटिंग है ?

Ans:- लियोनार्दो-द-विंची

505. स्वांग किस राज्य की लोकनृत्य कला है ?

Ans:- हरियाणा

506. भारत में कितने उच्च न्यायालय हैं ?

Ans:- 24

507. कोई विधेयक धन विधेयक है या नहीं इसका फैसला कौन करता है ?

Ans:- लोकसभा अध्यक्ष

508. अंतिम मुग़ल सम्राट कौन था ?

Ans:- बहादुर शाह ज़फ़र द्वितीय

509. तम्बाकू पर पूरी तरह प्रतिबन्ध लगाने वाला विश्व का पहला देश कौनसा है ?

Ans:- भूटान

510. 'गोदान' किसकी रचना है ?

Ans:- मुंशी प्रेमचन्द

511. 'स्वाइन फ्लू' बीमारी किस विषाणु से फैलती है ?

Ans:- H1N1

512. राष्ट्रीय मतदाता दिवस कब मनाया जाता है ?

Ans:- 25 जनवरी

513. भारत सरकार का संवैधानिक मुखिया कौन होता है ?

Ans:- राष्ट्रपति

514. किस संविधान संशोधन द्वारा मौलिक कर्तव्यों को संविधान में जोड़ा गया ?

Ans:- 42वें

515. नमक कानून को तोड़ने के लिए महात्मा गाँधी ने कौनसा आन्दोलन शुरु किया ?

Ans:- सविनय अवज्ञा आन्दोलन

516. उपराष्ट्रपति का चुनाव कौन करता है ?

Ans:- संसद सदस्य

517. विजयस्तंभ कहाँ स्थित है ?

Ans:- चित्तौड़गढ़ में

518. विश्व का सबसे लम्बा (9438 कि.मी.) रेलमार्ग ट्रांस-साइबेरिया (रूस) किन दो शहरों को जोड़ता है ?

Ans:- सेंट पीटर्सबर्ग से ब्लादीवोस्तक

519. अमरकंटक किस नदी का उद्गम स्थल है ?

Ans:- नर्मदा

520. भारत में जिप्सम का सर्वाधिक उत्पादन किस राज्य में होता है ?

Ans:- राजस्थान

521. अंग्रेजी ईस्ट इंडिया कम्पनी ने भारत में पहला कारखाना कहाँ लगाया ?

Ans:- सूरत (गुजरात) में

522. 'आईने अकबरी' पुस्तक किसने लिखी ?

Ans:- अबुल फज़ल ने

523. 'बुली' शब्द किस खेल में प्रयुक्त होता है ?

Ans:- हॉकी

524. 'उड़न परी' किसे पुकारा जाता है ?

Ans:- पी.टी.उषा

525. झीलों की नगरी कौनसा शहर कहलाता है ?

Ans:- उदयपुर

526. आर्यसमाज की स्थापना कब और कहाँ की गयी थी ?

Ans:- मुंबई में 1875 में

527. सबसे प्राचीन वेद कौनसा है ?

Ans:- ऋग्वेद

528. 'शिक्षा दिवस' कब मनाया जाता है ?

Ans:- 11 नवंबर को

529. किसके जन्मदिन को शिक्षा दिवस के रूप में मनाते हैं ?

Ans:- भारत के पहले शिक्षा मंत्री मौलाना अबुलकलाम आजाद के जन्मदिन को

530. भाभा परमाणु अनुसन्धान केंद्र कहाँ स्थित है ?

Ans:- ट्राम्बे (मुंबई) में

531. सन 1928 के बारदोली आन्दोलन का नेतृत्व किसने किया था ?

Ans:- सरदार बल्लभ भाई पटेल ने

532. खालसा पंथ की स्थापना किसने की थी ?

Ans:- गुरु गोबिंद सिंह

533. मुगल वंश की स्थापना किसने की थी ?

Ans:- बाबर

534. भारत की पहली महिला I.P.S. अधिकारी कौन थी ?

Ans:- किरण बेदी

535. कथक किस राज्य का शास्त्रीय नृत्य है ?

Ans:- उत्तर प्रदेश

536. टीपू सुल्तान की राजधानी कौनसी थी ?

Ans:- श्रीरंगपट्टनम

537. 'चाइनामैन' शब्द किस खेल में प्रयुक्त होता है ?

Ans:- क्रिकेट

538. सबसे कठोरतम पदार्थ कौन सा है ?

Ans:- हीरा

539. डायनामाईट का आविष्कार किसने किया ?

Ans:- अल्फ्रेड नोबल ने

540. बिस्मिल्ला खान का संबंध किस वाद्ययंत्र से है ?

Ans:- शहनाई

541. ऑस्कर पुरस्कार का संबंध किस क्षेत्र से है ?

Ans:- फिल्म

542. AIDS का पूर्ण विस्तार क्या होगा ?

Ans:- अक्वायर्ड इम्यूनो डेफिशियेंसी सिंड्रोम

543. जलियाँवाला बाग में गोलीबारी का आदेश किस जनरल ने दिया था ?

Ans:- माइकल ओ डायर

544. पटना का प्राचीन नाम क्या था ?

Ans:- पाटलिपुत्र

545. दिल्ली में लाल किला किसने बनवाया ?

Ans:- मुगल बादशाह शाहजहाँ ने

546. नेताजी सुभाष राष्ट्रीय खेल संस्थान कहाँ स्थित है ?

Ans:- पटियाला

547. आगा खां कप किस खेल से संबंधित है ?

Ans:- हॉकी

548. बांदीपुर अभयारण्य किस राज्य में स्थित है ?

Ans:- कर्नाटक

549. भाप इंजन का आविष्कार किसने किया था ?

Ans:- जेम्स वाट

550. रेडियो का आविष्कार किसने किया ?

Ans:- इटली निवासी मारकोनी ने

551. किस भारतीय राज्य की राजभाषा अंग्रेजी है ?

Ans:- नागालैंड

552. भारतीय राष्ट्रीय कांग्रेस का प्रथम मुस्लिम अध्यक्ष कौन था?

Ans:- बदरुद्दीन तैयब जी

553. भारत के प्रथम गृह मन्त्री कौन थे?

Ans:- सरदार वल्लभभाई पटेल

554. संसार की प्रथम महिला प्रधान मन्त्री कौन हैं?

Ans:- सिरिमाओ भंडारनायके

555. हड़प्पा की सभ्यता किस युग से सम्बन्धित है?

Ans:- कांस्य युग

556. "दीन-ए-इलाही" धर्म किस मुगल शासक ने चलाया था?

Ans:- अकबर

557. उगते और डूबते समय सूर्य लाल प्रतीत क्यों होता है ?

Ans:- क्योंकि लाल रंग का प्रकीर्णन सबसे कम होता है

558. इन्द्रधनुष में कितने रंग होते हैं ?

Ans:- सात

559. भूस्थिर उपग्रह की पृथ्वी से ऊँचाई कितनी होती है ?

Ans:- 36000 किलोमीटर

560. चेचक के टीके की खोज किसने की ?

Ans:- एडवर्ड जेनर

561. रेबीज के टीके की खोज किसने की ?

Ans:- लुई पास्चर

562. दूध से दही किस जीवाणु के कारण बनता है ?

Ans:- लक्टो बैसिलस

563. पराश्रव्य तरंगों की आवृति कितनी होती है ?

Ans:- 20000 हर्ट्ज़ से अधिक

564. परमाणु बम किस सिद्दांत पर कार्य करता है ?

Ans:- नाभिकीय विखंडन

565. विद्युत् धारा की इकाई कौनसी है ?

Ans:- एम्पीयर

566. हृदय की धड़कन को नियंत्रित करने के लिए कौनसा खनिज आवश्यक है ?

Ans:- पोटेशियम

567. पेनिसिलिन की खोज किसने की ?
Ans:- अलेक्जेंडर फ्लेमिंग

568. मलेरिया की दवा 'कुनिन' किस पौधे से प्राप्त होती है ?
Ans:- सिनकोना

569. संसार का सबसे बड़ा फूल कौनसा है ?
Ans:- रफ्लेसिया

570. सबसे बड़ा जीवित पक्षी कौनसा है ?
Ans:- शुतुरमुर्ग

571. संसार में सबसे छोटा पक्षी कौनसा है ?
Ans:- हमिंग बर्ड

572. मनुष्य ने सबसे पहले किस जंतु को पालतू बनाया ?
Ans:- कुत्ता

573. अंतरिक्ष यात्री को बाह्य आकाश कैसा दिखाई देता है ?
Ans:- काला

574. ATM का पूर्ण विस्तार क्या होगा ?
Ans:- Automated Teller Machine

575. संसद का संयुक्त अधिवेशन कौन बुलाता है ?
Ans:- राष्ट्रपति

576. एलबीडबल्यू (LBW) शब्द किस खेल से है ?
Ans:- क्रिकेट

577. वायुमंडल की कौन सी परत हमें सूर्य से आने वाली अल्ट्रावायलेट किरणों से बचाती है ?
Ans:- ओजोन

578. ख्वाजा मोईनुद्दीन चिश्ती की दरगाह कहाँ है ?
Ans:- अजमेर

579. सम्राट अशोक ने किस युद्ध के बाद बोद्ध धर्म ग्रहण कर लिया था ?
Ans:- कलिंग युद्ध

580. भारत का केन्द्रीय बैंक कौनसा है ?
Ans:- भारतीय रिज़र्व बैंक

581. सालारजंग म्यूजियम कहाँ है ?
Ans:- हैदराबाद

582. भारत में सबसे लम्बे समय तक मुख्यमंत्री कौन रहा है ?
Ans:- ज्योति बसु (पश्चिम बंगाल)

583. संसार की सबसे लम्बी नदी कौनसी है ?

Ans:- नील

584. किस तापमान पर सेल्सियस और फारेनहाइट तापमान बराबर होता है ?

Ans:- -40 डिग्री

585. कांसा किसकी मिश्रधातु है ?

Ans:- तांबा और टिन

586. दलीप ट्राफी का सम्बन्ध किस खेल से है ?

Ans:- क्रिकेट

587. LPG का पूर्ण विस्तार क्या होगा ?

Ans:- Liqified Petroleum Gas

588. 'गीता रहस्य' पुस्तक किसने लिखी ?

Ans:- बाल गंगाधर तिलक

589. राज्यसभा के कितने सदस्यों का चुनाव हर 2 वर्ष बाद होता है ?

Ans:- एक-तिहाई

590. अमेरिकी राष्ट्रपति का कार्यकाल कितने वर्ष होता है ?

Ans:- चार वर्ष

591. अयोध्या किस नदी के किनारे है ?

Ans:- सरयू

592. जयपुर की स्थापना किसने की थी ?

Ans:- आमेर के राजा सवाई जयसिंह ने

593. भारतीय संविधान में पहला संशोधन कब किया गया ?

Ans:- 1951 में

594. डूरंड कप किस खेल से संबंधित है ?

Ans:- फुटबॉल

595. सन 1907 में शुरु किया गया साहित्य का नोबल पुरस्कार किसे दिया गया ?

Ans:- रुडयार्ड किपलिंग

596. किसके शासनकाल में मोरक्को का यात्री इब्नबतूता भारत आया ?

Ans:- मोहम्मद बिन तुगलक

597. भारत के पहले कानून मंत्री कौन थे ?

Ans:- डॉ.भीमराव अम्बेडकर

598. 'अभिज्ञान शाकुन्तलम' के लेखक कौन थे ?

Ans:- कालिदास

599. श्रमिक दिवस कब मनाया जाता है ?

Ans:- 1 मई

600. 'ओडिसी' किस राज्य का शास्त्रीय नृत्य है ?

Ans:- ओड़िसा

601. भाखड़ा बांध किस नदी पर बनाया गया है ?

Ans:- सतलुज

602. भारत का क्षेत्रफल कितना है ?

Ans:- 32,87,263 वर्ग कि.मी.

603. अमेरिका ने जापान के हिरोशिमा पर परमाणु बम कब गिराया था ?

Ans:- 6 अगस्त 1945 को

604. राष्ट्रपति चुनाव में कौन वोट डालता है ?

Ans:- संसद तथा राज्य विधानसभाओं के चुने हुए सदस्य

605. हरियाणा के पहले राज्यपाल कौन थे ?

Ans:- धर्मवीर

606. उत्तरी ध्रुव को दक्षिणी ध्रुव से मिलाने वाली काल्पनिक रेखा क्या कहलाती है ?

Ans:- देशांतर रेखा

607. महात्मा गाँधी की हत्या कब और किसने की ?

Ans:- 30 जनवरी 1948 को नाथूराम गोडसे द्वारा

608. भारत में कौनसा अनाज सबसे ज्यादा खाया जाता है ?

Ans:- चावल

609. थल सेना दिवस कब मनाया जाता है ?

Ans:- 15 जनवरी

610. राजस्थान के माउन्ट आबू स्थित दिलवाड़ा के मंदिर किस धर्म से संबंधित हैं ?

Ans:- जैन धर्म

611. हीराकुंड बांध किस नदी पर बनाया गया है ?

Ans:- महानदी

612. दिल्ली स्थित जामा मस्जिद किसने बनवाई ?

Ans:- शाहजहाँ

613. शांतिकाल का सर्वोच्च सैन्य पुरस्कार कौनसा है ?

Ans:- अशोक चक्र

614. राष्ट्रीय डेयरी अनुसंधान संस्थान कहाँ स्थित है ?

Ans:- करनाल (हरियाणा)

615. भगवान बुद्ध द्वारा सारनाथ में दिया गया पहला प्रवचन बोद्ध धर्म में क्या कहलाता है ?

Ans:- धर्मचक्रप्रवर्तन

616. वायुसेना दिवस कब मनाया जाता है ?

Ans:- 8 अक्टूबर

617. 1526, 1556 और 1761 के तीन ऐतिहासिक युद्ध किस नगर में हुए ?

Ans:- पानीपत (हरियाणा)

618. हाल ही में किस राज्य से अलग करके तेलंगाना राज्य बनाया गया है ?

Ans:- आंध्रप्रदेश

613. भारत के पश्चिमी तट पर कौनसा सागर है ?

Ans:- अरब सागर

614. UNESCO (यूनेस्को) का मुख्यालय कहाँ है ?

Ans:- पेरिस (फ्रांस)

615. विश्व व्यापार संगठन की स्थापना कब हुई ?

Ans:- 1995 में

616. शिक्षा की किंडरगार्टन पद्यति किसकी देन है ?

Ans:- फ्रोबेल

617. NCERT की स्थापना कब हुई ?

Ans:- 1961 में

618. तानसेन किसके दरबार में संगीतज्ञ था ?

Ans:- अकबर

619. कौन 4 वर्ष तक अकबर का संरक्षक रहा ?

Ans:- बैरम खान

620. पंडित रविशंकर का संबंध किस वाद्य यंत्र से है ?

Ans:- सितार

621. 'पैनल्टी कार्नर' का संबंध किस खेल से है ?

Ans:- हॉकी

622. उतरी भारत में सर्दियों में वर्षा का कारण क्या है ?

Ans:- पश्चिमी विक्षोभ

623. देवधर ट्राफी का संबंध किस खेल से है ?

Ans:- क्रिकेट

624. रूस की मुद्रा कौनसी है ?

Ans:- रुबल

625. सिन्धु घाटी सभ्यता की प्रसिद्ध बंदरगाह कौनसी थी ?

Ans:- लोथल

626. जैन धर्म के प्रथम तीर्थंकर कौन थे ?

Ans:- ऋषभदेव

627. गौतम बुद्ध का जन्म कहाँ हुआ ?

Ans:- लुम्बिनी जो नेपाल में है

628. भगवान महावीर जैन धर्म के कौनसे तीर्थंकर थे ?

Ans:- 24वें

629. भारत की पहली महिला राष्ट्रपति कौन है ?

Ans:- प्रतिभा पाटिल

630. कटक किस नदी पर बसा है ?

Ans:- महानदी

631. बाइनरी भाषा में कितने अक्षर होते हैं ?

Ans:- 2

632. LAN का विस्तार क्या होगा ?

Ans:- Local Area Network

633. गौतम बुद्ध की मृत्यु कहाँ हुई थी ?

Ans:- कुशीनगर में

634. गोवा पुर्तगाली शासन से कब आज़ाद हुआ ?

Ans:- 1961

635. बक्सर का युद्ध कब हुआ जिसके परिणामस्वरूप अंग्रेजों का बंगाल, बिहार और ओड़िसा पर अधिकार हो गया था ?

Ans:- 1764 में

636. रेगुलेटिंग एक्ट कब लागु हुआ ?

Ans:- 1773 में

637. 1857 की क्रांति के बाद अंग्रेजों ने मुगल बादशाह बहादुरशाह ज़फ़र को कैद करके कहाँ भेजा ?

Ans:- बर्मा (म्यानमार)

638. गाँधी जी दक्षिणी अफ्रीका से भारत कब लौटे ?

Ans:- 9 जनवरी 1915

639. भारत की पहली बोलती फिल्म कौनसी थी ?

Ans:- आलमआरा

640. क्षेत्रफल की दृष्टि से भारत का विश्व में कौनसा स्थान है ?

Ans:- सातवाँ

641. भारत की स्थलीय सीमा कितनी है ?

Ans:- 15200 कि.मी.

642. भारत का पूर्व से पश्चिम तक विस्तार कितना है ?

Ans:- 2933 कि.मी.

643. तिरंगे झंडे को संविधान सभा ने कब राष्ट्रीय झंडे के रूप में अपनाया ?

Ans:- 22 जुलाई 1947 को

644. 'जन-गण-मन' को संविधान सभा ने राष्ट्रगान कब घोषित किया ?

Ans:- 24 जनवरी, 1950 को

645. 'खुदा बक्श' पुस्तकालय कहाँ है ?

Ans:- पटना

646. 1784 में कोलकाता में किसने 'एशियाटिक सोसाइटी' की स्थापना की थी ?

Ans:- विलियम जोन्स

647. बैंकों का राष्ट्रीयकरण कब किया गया ?

Ans:- 1969 में

648. किस संविधान संशोधन द्वारा 6-14 वर्ष की आयु के बच्चों के लिए शिक्षा को मौलिक अधिकार बनाया गया ?

Ans:- 86वां

649. किस मौलिक अधिकार को 44वें संविधान संशोधन द्वारा हटा दिया गया ?

Ans:- संपत्ति का अधिकार

650. 23.5 डिग्री उत्तरी अक्षांश रेखा क्या कहलाती है ?

Ans:- कर्क रेखा

651. सशस्त्र सेना झंडा दिवस कब मनाया जाता है ?

Ans:- 7 दिसंबर

652. भारत-पाक सीमा रेखा किस नाम से पुकारी जाती है ?

Ans:- रेड क्लिफ रेखा

653. भारत में एकमात्र सक्रिय ज्वालामुखी कहाँ है ?

Ans:- बैरन द्वीप (अंडमान निकोबार)

654. किस भारतीय राज्य की दो राजधानियाँ हैं ?

Ans:- जम्मू-कश्मीर

655. अमेरिका ने कौनसा राज्य 1867 में रूस से ख़रीदा था ?

Ans:- अलास्का

656. विश्व विकलांग दिवस कब मनाया जाता है ?

Ans:- 3 दिसंबर

657. होपमैन कप किस खेल से संबंधित है ?

Ans:- टेनिस

658. नवगठित तेलंगाना राज्य का पहला मुख्यमंत्री कौन है ?

Ans:- चंद्रशेखर राव

659. भारत-श्रीलंका के बीच कौनसी खाड़ी है ?

Ans:- मन्नार की खाड़ी

660. अरावली पर्वतमाला की सबसे ऊँची चोटी कौनसी है ?

Ans:- गुरु शिखर

661. किस देश की समुद्री सीमा सबसे बड़ी है ?

Ans:- कनाड़ा

662. किस देश की स्थल सीमा सबसे बड़ी है ?

Ans:- चीन

663. म्यांमार (बर्मा) की मुद्रा कौनसी है ?

Ans:- क्यात

664. मौसम संबंधित परिवर्तन वायुमंडल की किस परत में होते हैं ?

Ans:- क्षोभमंडल

665. संसार का सबसे बड़ा सागर कौनसा है ?

Ans:- दक्षिणी चीन सागर

666. गौतम बुद्ध द्वारा 29 वर्ष की आयु में गृह-त्याग की घटना क्या कहलाती है ?

Ans:- महाभिनिष्क्रमण

667. भारत में पंचवर्षीय योजना का अनुमोदन करने वाला सर्वोच्च निकाय कौनसा है ?

Ans:- राष्ट्रीय विकास परिषद्

668. भारत के किस राज्य की सीमा चीन, नेपाल और भूटान से मिलती है ?

Ans:- सिक्किम

669. नाथुला दर्रा किस राज्य में स्थित है ?

Ans:- सिक्किम

670. 1912 में अल-हिलाल समाचार-पत्र किसने शुरु किया ?

Ans:- मौलाना अबुलकलाम आजाद

671. महान चिकित्सक चरक किसके दरबार में थे ?

Ans:- कनिष्क

672. भारत में 'मेट्रो-पुरुष' कौन कहलाते हैं ?

Ans:- श्रीधरन

673. भारत की स्वतंत्रता के समय कांग्रेस अध्यक्ष कौन थे ?

Ans:- जे.बी.कृपलानी

674. कांग्रेस और मुस्लिम लीग के बीच लखनऊ समझौता किस वर्ष हुआ ?

Ans:- 1916

675. पानीपत का तीसरा युद्ध किनके बीच हुआ ?

Ans:- मराठों और अहमदशाह अब्दाली

676. RBI के नए नियमों के अनुसार चेक और बैंक ड्राफ्ट की वैद्यता कितने समय तक होती है ?

Ans:- 3 मास

677. सबसे लम्बा राष्ट्रीय राजमार्ग कौनसा है ?

Ans:- NH-7, वाराणसी से कन्याकुमारी तक

678. संगमरमर किसका परिवर्तित रूप है ?

Ans:- चूना-पत्थर का

679. विश्व व्यापार संगठन का मुख्यालय कहाँ है ?

Ans:- जेनेवा (स्विट्ज़रलैंड)

680. चौरी-चौरा कांड के बाद महात्मा गाँधी ने कौनसा आन्दोलन स्थगित कर दिया था ?

Ans:- असहयोग आन्दोलन

681. केरल के तट को क्या कहते हैं ?

Ans:- मालाबार तट

682. जेंद-अवेस्ता किस धर्म की धार्मिक पुस्तक है ?

Ans:- पारसी

683. भारत का राष्ट्रगान सबसे पहले कब गाया गया था ?

Ans:- 1911 के कांग्रेस के कोलकाता अधिवेशन में.

684. पानी का रासायनिक सूत्र क्या है ?

Ans:- H2O

685. प्रकृति में पाया जाने वाला कठोरतम पदार्थ कौनसा है ?

Ans:- हीरा

686. समुद्री जल में लवण की औसत मात्रा कितनी होती है ?

Ans:- 3.5%

687. राष्ट्रीय विकास परिषद् का अध्यक्ष कौन होता है ?

Ans:- प्रधानमंत्री

688. सिकंदर ने भारत पर कब आक्रमण किया ?

Ans:- 326 BC

689. भारत का संविधान कितने समय में तैयार हुआ ?

Ans:- 2 साल 11 मास 18 दिन

690. भारतीय संविधान में मौलिक कर्तव्य किस देश के संविधान से लिए गए हैं ?

Ans:- अमेरिकी संविधान

691. संविधान की किस धारा के अंतर्गत राज्यपाल किसी राज्य में राष्ट्रपति शासन लगाने की सिफारिश करता है ?

Ans:- धारा 356

692. प्रोटोन की खोज किसने की थी ?

Ans:- रुदेरफोर्ड

693. भारत में प्रथम परमाणु बिजलीघर कहाँ स्थापित किया गया ?

Ans:- तारापुर

694. शान्तिनिकेतन की स्थापना किसने की ?

Ans:- रवीन्द्रनाथ टैगोर

695. अर्थशास्त्र का नोबल पुरस्कार किस वर्ष शुरु हुआ ?

Ans:- 1969

696. गौतम बुद्ध द्वारा देह-त्याग की घटना क्या कहलाती है ?

Ans:- महापरिनिर्वाण

697. प्रथम बौध कौंसिल कब, कहाँ और किसके शासनकाल में हुई ?

Ans:- 483 BC, राजगृह, अजातशत्रु

698. सूर्य की सतह का तापमान कितना होता है ?

Ans:- 6000 डिग्री सेल्सिअस

699. सवाना घास के मैदान किस महाद्वीप में है ?

Ans:- अफ्रीका

700. किस संविधान संशोधन द्वारा पंचायती राज व्यवस्था लागु की गयी ?

Ans:- 73वें

701. राष्ट्रपति यदि इस्तीफा देना चाहे तो किसे सौंपेगा ?

Ans:- उपराष्ट्रपति

702. किस राज्य में लोकसभा की सर्वाधिक सीटें हैं ?

Ans:- 80, उत्तर प्रदेश

703. भगवान महावीर का जन्म कहाँ हुआ ?

Ans:- कुंडाग्राम (वैशाली)

704. चौथी बौध कौंसिल कब, कहाँ और किसके संरक्षण में हुई ?

Ans:- 98 AD, कुंडलवन (कश्मीर), कनिष्क

705. पृथ्वी अपनी धुरी पर कितने कोण पर झुकी है ?

Ans:- 23.5 डिग्री

706. वायुमंडल में ऑक्सीजन की मात्रा कितनी है ?

Ans:- 21 %

707. वायुमंडल में कार्बनडाइऑक्साइड की मात्रा कितनी है ?

Ans:- 0.03%

708. ब्रॉड गेज रेलवे लाइन की चौड़ाई कितनी होती है ?

Ans:- 1.676 मी.

709. भारत में पशुओं का सबसे बड़ा मेला कहाँ भरता है ?

Ans:- सोनपुर (बिहार)

710. 38वीं पैरेलल किन दो देशों को बाँटती है ?

Ans:- उत्तर और दक्षिण कोरिया

711. 'अष्टाध्यायी' किसने लिखी ?

Ans:- पाणिनि

712. बल्ब का फिलामेंट किसका बना होता है ?

Ans:- टंगस्टन

713. तीसरी बौध कौंसिल कब, कहाँ और किसके संरक्षण में हुई ?

Ans:- 250 BC में, पाटलिपुत्र में अशोक के शासनकाल में

714. 'त्रिपिटक' किस धर्म के ग्रंथ हैं और किस भाषा में लिखे गए हैं ?

Ans:- बौद्ध धर्म, पाली

715. भारतीय प्रायद्वीप का क्या नाम है ?

Ans:- दक्कन का पठार

716. गुजरात से गोवा तक समुद्री तट क्या कहलाता है ?

Ans:- कोंकण

717. अंडमान निकोबार द्वीप समूह में कितने द्वीप हैं ?

Ans:- 324

718. 42वें संविधान संशोधन द्वारा कौनसे 2 शब्द प्रस्तावना में जोड़े गए ?

Ans:- धर्मनिरपेक्ष और समाजवादी

719. एक रुपए के नोट पर किसके हस्ताक्षर होते हैं ?

Ans:- सचिव, वित्त मंत्रालय

720. संसद के दो सत्रों के बीच अधिकतम अवधि कितनी हो सकती है ?

Ans:- 6 मास

721. 'ऋतुसंहार', 'कुमारसंभव', 'रघुवंशम' किसकी रचनाएँ हैं ?

Ans:- कालिदास

722. अजन्ता और एलोरा की गुफाएँ कहाँ हैं ?

Ans:- औरंगाबाद (महाराष्ट्र)

723. महाबलीपुरम के रथ मंदिर किसने बनवाए थे ?

Ans:- पल्लव राजा नरसिंहबर्मन नें

724. भारत के कितने प्रतिशत भू-भाग पर वन हैं?

Ans:- 19%

725. जिम कॉर्बेट नेशनल पार्क कहाँ स्थित है ?

Ans:- नैनीताल के पास (उत्तराखंड)

726. 'बर्डी', 'ईगल', 'बोगी', 'पार', 'टी', 'होल-इन-वन', शब्द किस खेल से संबंधित हैं ?

Ans:- गोल्फ

727. साम्भर झील जिससे नमक बनता है किस राज्य में है ?

Ans:- राजस्थान

728. गुलाम वंश का कौनसा शासक चौगान (पोलो) खेलते समय घोड़े से गिरकर मृत्यु को प्राप्त हुआ ?

Ans:- कुतुबुद्दीन ऐबक

729. 'गीत गोबिंद' किसने लिखी ?

Ans:- जयदेव

730. खुजराहो के मंदिर किस वंश के शासकों ने बनवाए ?

Ans:- चंदेल

731. विजयनगर साम्राज्य की स्थापना कब और किसने की थी ?

Ans:- 1336 में हरिहर और बुक्का ने

732. घना पक्षी विहार कहाँ स्थित है ?

Ans:- भरतपुर (राजस्थान)

733. भारत में जंगली गधे कहाँ पाए जाते हैं ?

Ans:- कच्छ के रण (गुजरात) में

734. मीन कैम्फ (मेरा संघर्ष) किसकी जीवनी है ?

Ans:- अडोल्फ़ हिटलर

735. दास कैपिटल किसकी रचना है ?

Ans:- कार्ल मार्क्स

736. महमूद गजनवी ने सोमनाथ मंदिर को कब लुटा था ?

Ans:- 1025 इस्वी में

737. कौनसा अभयारण्य एक सींग वाले गैंडों के लिए प्रसिद्ध है ?

Ans:- काजीरंगा (असम)

738. 'रिपब्लिक' पुस्तक किसने लिखी ?

Ans:- प्लेटो ने

739. तैमूरलंग ने दिल्ली को कब लुटा ?

Ans:- 1398 में

740. ओलंपिक खेलों में हॉकी कब शामिल किया गया ?

Ans:- 1928 के एम्सटर्डम (हॉलैंड) ओलंपिक में

741. शेरशाह सूरी को कहाँ दफनाया गया ?

Ans:- सासाराम (बिहार)

742. न्यूट्रान की खोज किसने की ?

Ans:- जेम्स चेडविक ने

743. परमाणु रिएक्टर में मंदक के रूप में किसका प्रयोग किया जाता है ?

Ans:- भारी पानी और ग्रेफाइट का

744. विश्व का सबसे छोटा महाद्वीप कौनसा है ?

Ans:- ऑस्ट्रेलिया

745. N.C.C. की स्थापना किस वर्ष हुई ?

Ans:- 1948 में

746. अमजद अली खान कोनसा वाद्य यंत्र बजाते हैं ?

Ans:- सरोद

747. भारत का सबसे ऊँचा जलप्रपात कौनसा है ?

Ans:- जोग या गरसोप्पा जो शरावती नदी पर कर्नाटक में है

748. चन्द्रमा की पृथ्वी से दूरी कितनी है ?

Ans:- 385000 कि.मी.

749. विश्व का सबसे कम जनसंख्या वाला देश कौनसा है ?

Ans:- वैटिकन सिटी

750. भारत में सोने की खान कहाँ है ?

Ans:- कोलार (कर्नाटक) में

751. भारतीय संविधान में कितनी अनुसूचियां हैं ?

Ans:- 12 अनुसूची

752. सूर्य का प्रकाश चन्द्रमा से पृथ्वी तक पहुँचने में कितना समय लेता है ?

Ans:- 1.3 सेकंड

753. पन्ना (मध्य प्रदेश) की खानें किसके लिए प्रसिद्ध है ?

Ans:- हीरा

754. नील नदी का उपहार कौनसा देश कहलाता है ?

Ans:- मिस्र

755. 'जय जवान, जय किसान, जय विज्ञान' का नारा किसने दिया ?

Ans:- अटल बिहारी वाजपई

756. घाना देश का पुराना नाम क्या है ?

Ans:- गोल्ड कोस्ट

757. उस्ताद जाकिर हुसैन का संबंध किस वाद्ययंत्र से हैं ?

Ans:- तबला

758. अमेरिका की खोज किसने की ?

Ans:- 1492 में क्रिस्टोफर कोलंबस ने

759. वंदेमातरम् को सर्वप्रथम कांग्रेस के किस अधिवेशन में गाया गया ?

Ans:- 1896 में

760. 'सापेक्षता का सिद्धांत' किसने खोजा था ?

Ans:- एल्बर्ट आईन्स्टाईन

761. वायुयान की खोज किसने की ?

Ans:- ओलिवर और विलिवर राईट बन्धु

762. प्रथम हृदय प्रत्यारोपण किसने किया था ?

Ans:- डॉ क्रिश्चियन बर्नार्ड (दक्षिणी अफ्रीका)

763. सात पहाड़ियों का नगर कौनसा कहलाता है ?

Ans:- रोम

764. शक संवत को राष्ट्रीय पंचांग के रूप में कब अपनाया गया ?

Ans:- 22 मार्च 1957

765. रेडियम की खोज किसने की ?

Ans:- पियरे और मैरी क्युरी

766. कितनी ऊँचाई पर जाने से तापमान 1 डिग्री C की कमी होती है ?

Ans:- 165 मी.

767. किस ग्रह के चारों और वलय हैं ?

Ans:- शनि

768. विश्व में सर्वाधिक शाखाओं वाला बैंक कौनसा है ?

Ans:- भारतीय स्टेट बैंक

769. सफेद हाथियों का देश कौनसा है ?

Ans:- थाईलैंड

770. कंगारू किस देश का राष्ट्रीय चिह्न है ?

Ans:- ऑस्ट्रेलिया

771. सुन्दरलाल बहुगुणा का संबंध किस आन्दोलन से है ?

Ans:- चिपको आन्दोलन

772. सन 1923 में स्वराज पार्टी का गठन किसने किया था ?

Ans:- चितरंजन दास और मोतीलाल नेहरु

773. भगतसिंह, सुखदेव, राजगुरु को फांसी कब दी गयी ?

Ans:- 23 मार्च, 1931

774. माउन्ट एवरेस्ट पर सबसे पहले कौन चढ़ा ?

Ans:- तेनजिंग नोर्के (भारत) और एडमंड हिलेरी (न्यूजीलैंड)

775. पदमावत की रचना किसने की ?

Ans:- मलिक मोहम्मद जायसी

776. अमेरिका के पहले राष्ट्रपति कौन थे ?

Ans:- जोर्ज वाशिंगटन

777. जर्मनी का एकीकरण किसने किया था ?

Ans:- बिस्मार्क

778. 'शोजे-वतन' पुस्तक किसने लिखी ?

Ans:- मुंशी प्रेमचन्द

779. अलीगढ़ आंदोलन किससे संबंधित है ?

Ans:- सर सैय्यद अहमद खान

780. किस मुगल बादशाह ने अंग्रेजी ईस्ट इंडिया कंपनी को सूरत में कारखाना लगाने की इजाजत दी ?

Ans:- जहाँगीर

781. भारत में पुर्तगालियों का प्रथम व्यापार केंद्र कौनसा था ?

Ans:- गोवा

782. किस पर्व वाले दिन 1883 में स्वामी दयानंद की मृत्यु हुई थी ?

Ans:- दिवाली

783. कादम्बरी किसकी रचना है ?

Ans:- बाणभट्ट

784. भारत के किस राज्य में जनसंख्या घनत्व सबसे कम है ?

Ans:- अरुणाचल प्रदेश

785. विश्व बैंक का मुख्यालय कहाँ है ?

Ans:- वाशिंगटन

786. पेंसिल की लीड किसकी बनी होती है ?

Ans:- ग्रेफाइट

787. संविधान सभा की पहली बैठक कब हुई ?

Ans:- 9 दिसंबर, 1946

788. अशोक के अधिकांश शिलालेख किस लिपि में लिखे हैं ?

Ans:- ब्राह्मी

789. 'रिवर्स-फ्लिक' का संबंध किस खेल से है ?

Ans:- हॉकी

790. 'शुष्क सेल' में क्या होता है ?

Ans:- अमोनियम क्लोराइड

791. मानस अभयारण्य किस राज्य में है ?

Ans:- असम

792. विश्व में सबसे बड़ा डाकतंत्र किस देश का है ?

Ans:- भारत

793. 'लाल-तिकोन' किसका प्रतीक चिह्न है ?

Ans:- परिवार नियोजन कार्यक्रम

794. श्रीनगर की स्थापना किसने की ?

Ans:- अशोक

795. गाँधी-इरविन समझौता किस वर्ष हुआ ?

Ans:- 3 मार्च, 1931 को

796. भारतीय संघ का राष्ट्रपति किसके परामर्श से कार्य करता है ?

Ans:- प्रधानमंत्री

797. गंधक के साथ रबड को गर्म करने की क्रिया क्या कहलाती है ?

Ans:- वल्कनीकरण

798. पश्चिमी और पूर्वी घाट किन पहाड़ियों में मिलते हैं ?

Ans:- नीलगिरि

799. जवाहरलाल नेहरु के नेतृत्व में अंतरिम सरकार का गठन कब हुआ ?

Ans:- सितम्बर 1946 में

800. क्रिकेट पिच की लम्बाई कितनी होती है ?

Ans:- 22 गज या 66 फुट

801. मोतीलाल नेहरु स्पोर्ट्स स्कूल हरियाणा में कहाँ स्थित है ?

Ans:- राई (सोनीपत)

802. भारत के भूतपूर्व प्रधानमंत्री लाल बहादुर शास्त्री की मृत्यु कहाँ हुई थी ?

Ans:- ताशकंद

803. कालिदास ने किस भाषा में रचनाएं लिखी थी ?

Ans:- संस्कृत

804. 12 मार्च 1940 को जलियांवाला बाग हत्याकांड कराने वाले माइकल ओ डायर की किसने लन्दन में हत्या की थी ?

Ans:- उधमसिंह ने

805. सत्यशोधक समाज की स्थापना किसने की थी ?

Ans:- महात्मा ज्योतिबा फूले

806. टोडा जनजाति किस राज्य में निवास करती है ?

Ans:- तमिलनाडु

807. हरियाणवी भाषा की पहली फिल्म कौनसी है ?

Ans:- चंद्रावल

808. असम का पुराना नाम क्या है ?

Ans:- कामरूप

809. प्रोजेक्ट टाइगर कब शुरु हुआ ?

Ans:- सन 1973 में

810. प्याज-लहसुन में गंध किस तत्व के कारण होती है ?

Ans:- सल्फर

811. केंद्र-राज्य संबंधों के अध्ययन हेतु कौनसा आयोग गठित किया गया ?

Ans:- सरकारिया आयोग

812. नयी दिल्ली का वास्तुकार कौन था ?

Ans:- एडविन ल्यूटिन (इंग्लैंड)

813. मंगल और बृहस्पति ग्रहों के बीच ग्रहों के समान चक्कर लगाने वाले पिंड क्या कहलाते हैं ?

Ans:- शुद्र ग्रह

814. पृथ्वी पर दिन-रात कहाँ बराबर होते हैं ?

Ans:- भूमध्य रेखा पर

815. मीनाक्षी मंदिर कहाँ स्थित है ?

Ans:- मदुरै (तमिलनाडु)

816. संसार में सर्वाधिक दूध उत्पादन किस देश में होता है ?

Ans:- भारत

817. पागल कुत्ते के काटने से कौनसा रोग होता है ?

Ans:- रैबीज या हाइड्रोफोबिया

818. दक्षिण भारत का सर्वोच्च पर्वत शिखर कौनसा है ?

Ans:- अनाईमुदी

819. सरदार सरोवर परियोजना किस नदी पर बनाई गयी है ?

Ans:- नर्मदा

820. तमिलनाडु और आंध्रप्रदेश के तट का क्या नाम है ?

Ans:- कोरोमंडल तट

821. नीली क्रांति का संबंध किस क्षेत्र से है ?

Ans:- मत्स्य पालन

822. भारत में सर्वाधिक मूंगफली का उत्पादन किस राज्य में होता है ?

Ans:- गुजरात

823. भारत में सबसे कम वर्षा वाला स्थान कौनसा है ?

Ans:- लेह (जम्मू-कश्मीर)

824. कौनसा ग्रह पृथ्वी की जुड़वाँ बहन कहलाता है ?

Ans:- शुक्र

825. भारत में हरित-क्रांति के जनक कौन कहलाते हैं ?

Ans:- डॉ. नार्मन बोरलाग

826. दलदली भूमि में कौनसी गैस निकलती है ?

Ans:- मीथेन

827. विटामिन E का रासायनिक नाम क्या है ?

Ans:- टोकोफैरल

828. 1984 में भोपाल गैस त्रासदी किस गैस के रिसाव से हुई थी ?

Ans:- मिथाइल आइसोसायनेट

829. स्वराज शब्द का सबसे पहले प्रयोग किसने किया ?

Ans:- महर्षि दयानंद

830. विलय की नीति किसने लागु की ?

Ans:- लार्ड डलहौजी

831. मुस्लिम लीग की स्थापना कब की गयी ?

Ans:- 1906 में (30 December 1906, Dhaka, Bangladesh)

832. 'केसरी' और 'मराठा' अख़बारों का संपादन किसने किया ?

Ans:- बाल गंगाधर तिलक

833. भारत का प्रथम वायसराय कौन था ?

Ans:- लार्ड केनिंग

834. टोडरमल का संबंध किस क्षेत्र से था ?

Ans:- भू-राजस्व व्यवस्था

835. महाराजा रणजीत सिंह की राजधानी कौनसी थी ?

Ans:- लाहौर

836. पोलियो का टीका किसने खोजा था ?

Ans:- जोनास साल्क

837. कर्णाटक के श्रवणबेलगोला में किस जैन संत की विशाल प्रतिमा है ?

Ans:- गोमतेश्वर

838. पंचायत सदस्य बनने के लिए न्यूनतम आयु कितनी होनी चाहिए ?

Ans:- 21 वर्ष

839. संसार में सर्वाधिक पानी की मात्रा किस नदी की है ?

Ans:- अमेजन

840. जून-सितम्बर के दौरान तैयार होने वाली फसलें क्या कहलाती हैं ?

Ans:- खरीफ

841. चंडीगढ़ में प्रसिद्ध 'रॉक गार्डन' किसने बनाया था ?

Ans:- नेकचंद

842. विश्व बैंक का मुख्यालय कहाँ स्थित है ?

Ans:- वाशिंगटन D.C.

843. संसार में मीठे पानी की सबसे बड़ी झील कौनसी है ?

Ans:- सुपीरियर झील

844. योगेश्वर दत्त और सुशील कुमार का संबंध किस खेल से है ?

Ans:- कुश्ती

845. प्रथम स्वाधीनता संग्राम के समय भारत का गवर्नर जनरल कौन था?

Ans:- लार्ड कैनिंग

846. स्वतंत्रता के बाद देशी रियासतों के एकीकरण के लिए कौन उत्तरदायी थे?

Ans:- सरदार वल्लभभाई पटेल

847. 'फ्रंटियर गांधी' किसे कहा जाता था?

Ans:- खान अब्दुल गफ्फार खान

848. 'कूका आंदोलन' किसने चलाया था ?

Ans:- गुरु राम सिंह

849. 1815 ई. में कलकत्ता में किसने 'आत्मीय सभा' की स्थापना की ?

Ans:- राजा राममोहन राय

850. शिवाजी के मंत्रीमंडल का क्या नाम था ?

Ans:- अष्टप्रधान

851. गुरू तेग बहादुर की हत्या किसने करवा दी ?

Ans:- औरंगजेब ने

852. शाहजहाँ ने अपनी बेगम मुमताज महल की याद में कौन-सा स्मारक बनवाया था ?

Ans:- ताजमहल

853. किस मुगल बादशाह के शासनकाल में चित्रकला अपनी चरमसीमा पर पहुँच गयी थी ?

Ans:- जहाँगीर

854. सिख धर्म के किस गुरू की जहाँगीर ने हत्या करवा दी थी ?

Ans:- गुरु अर्जुनदेव

855. 'हुमायुँनामा' पुस्तक की रचना किसने की थी ?

Ans:- गुलबदन बेगम

856. किसने अपनी विजयों के उपलक्ष्य में चित्तोडगढ में विजय स्तम्भ का निर्माण कराया था?

Ans:- राणा कुम्भा ने

857. नालंदा विश्वविधालय की स्थापना किसने की थी?

Ans:- कुमारगुप्त ने

858. जगन्नाथ मंदिर किस राज्य में है ?

Ans:- पुरी (ओड़िशा)

859. तराइन का प्रथम युद्ध किस-किस के बीच और कब हुआ ?

Ans:- पृथ्वीराज चौहान व मोहम्मद गौरी के बीच 1191 में

860. शून्य की खोज किसने की ?

Ans:- आर्यभट्ट ने

861. सिकंदर किसका शिष्य था ?

Ans:- अरस्तू का

862. सिकंदर का सेनापति कौन था ?

Ans:- सेल्यूकस निकेटर

863. गुप्त वंश का संस्थापक कौन था ?

Ans:- श्रीगुप्त

864. कुंभ के मेले का शुभारंभ किसने किया ?

Ans:- हर्षवर्धन

865. किसी एक स्थान पर कुम्भ का मेला कितने वर्ष बाद लगता है ?

Ans:- 12 वर्ष

866. भारत में कितने स्थानों पर कुम्भ का मेला भरता है ?

Ans:- 4, हरिद्वार (गंगा), इलाहाबाद (गंगा-यमुना के संगम पर), उज्जैन (क्षिप्रा), नासिक (गोदावरी)

867. अंजता की गुफाओं में चित्रकारी किस धर्म से संबंधित हैं ?

Ans:- बौद्ध धर्म से

868. तेलंगाना राज्य की राजधानी कौनसी है ?

Ans:- हैदराबाद

869. कौनसा नगर अगले 10 वर्ष तक तेलंगाना और आंध्रप्रदेश दोनों राज्यों की राजधानी रहेगा ?

Ans:- हैदराबाद

870. भारत में कितने पिन कोड जोन हैं ?

Ans:- 9 (पिनकोड का पहला अंक भारत (देश) के क्षेत्र को दर्शाता है। पहले 2 अंक मिलकर इस क्षेत्र में उपस्थित उपक्षेत्र या डाक वृतों में से किसी एक डाक वृत को दर्शातें हैं।)

871. भारत में डाक सूचकांक प्रणाली (पिन कोड प्रणाली) का शुभारम्भ कब हुआ ?

Ans:- 1972 ई

872. भारत का सबसे बड़ा सार्वजनिक उपक्रम कौन-सा है ?

Ans:- भारतीय रेल

873. भारत और पाकिस्तान के बीच चलने वाली रेलगाड़ी कौन-सी है ?

Ans:- समझौता व थार एक्सप्रेस

874. भारत में प्रथम विद्युत रेल कब चली ?

Ans:- 1925 ई (डेक्कन क्वीन)

875. भारत में कुल रेलमार्ग की लंबाई कितनी है ?

Ans:- 63,974 किमी

876. भारत की सबसे लंबी रेल सुरंग कौन-सी है ?

Ans:- पीर पंजाल सुरंग (जम्मू-कश्मीर)

877. क्षेत्रफल की दृष्टि से भारत का सबसे बड़ा जिला कौन-सा है ?

Ans:- लद्दाख

878. कौन-सा महाद्वीप पूर्णतः हिमाच्छदित (बर्फ से ढका) है ?

Ans:- अंटार्कटिका

879. पृथ्वी तल पर कितने प्रतिशत भाग पर महाद्वीपों का विस्तार (भू-भाग) पाया जाता है ?

Ans:- 29.2%

880. भारत व बांग्लादेश के बीच विवाद किन द्वीपों पर है ?

Ans:- कच्चा तिवु द्वीप और न्यूमूर द्वीप

881. भारत का उत्तर से दक्षिण तक विस्तार कितना है ?

Ans:- 3214 किमी

882. भारत के मानक समय और ग्रीनविच समय में कितना अन्तर है ?

Ans:- 5 ½ घंटे का

883. भारत की स्थल सीमा की लंबाई कितनी है ?

Ans:- 15200 किमी

884. भारत की सबसे लंबी सुरंग 'पीर पंजाल सुरंग' किस राज्य में है ?

Ans:- जम्मू-कश्मीर में

885. भू-वैज्ञानिकों के अनुसार आज जहाँ हिमालय पर्वत है वहाँ पहले क्या था ?

Ans:- टिथिस नामक सागर

886. भारत में सर्वप्रथम किस स्थान पर राष्ट्रीय उद्यान स्थापित किया गया ?

Ans:- जिम कार्बेट नेशनल पार्क नैनीताल (उत्तराखंड)

887. कौन-सा अभ्यारण्य जंगली हाथियों के लिए प्रसिद्ध हैं ?

Ans:- पेरियार (केरल)

888. लाहौर-दिल्ली बस सेवा क्या कहलाती है ?

Ans:- सदा-ए-सरहद

889. कोयला की सर्वोत्तम किस्म कौन-सी होती है ?

Ans:- एन्थ्रेसाइट

890. सिंधु घाटी की सभ्यता में एक बड़ा स्नानघर कहाँ मिला ?

Ans:- मोहनजोदड़ो में

891. 'ऑपरेशन फ्लड' कार्यक्रम के सूत्रधार कौन थे ?

Ans:- डॉ. वर्गीज कूरियन

892. रबी की फसलों की बुआई कब की जाती है ?

Ans:- अक्टूबर, नवंबर, दिसंबर

893. भारतीय इतिहास में बाजार मूल्य नियंत्रण पद्धति की शुरुआत किसके द्वारा की गई ?

Ans:- अलाउद्दीन खिलजी

894. फुटबाल का 'ब्लैक पर्ल' (काला हीरा) किसे कहा जाता है ?

Ans:- पेले

895. किस खेल में 'फ्री–थ्रो' शब्द का प्रयोग किया जाता है?

Ans:- बास्केटबॉल

896. किस भारतीय राज्य को पोलो खेल का उदगम माना जाता है?

Ans:- मणिपुर

897. 'गैमिबट' शब्द किस खेल से जुड़ा है ?

Ans:- शतरंज

898. क्रिकेट पिच पर पोपिंग क्रीज और स्टम्प के बीच की दूरी कितनी होती है ?

Ans:- 4 फुट

899. 'सिली प्वाइन्ट' किस खेल से सम्बन्धित है ?

Ans:- क्रिकेट

900. किस देश की टीम ने फुटबॉल का विश्व कप पांच बार जीता है ?

Ans:- ब्राज़ील

901. भारतीय अन्तरिक्ष अनुसन्धान संगठन (ISRO) का मुख्यालय कहाँ है ?

Ans:- बैंगलुरु

902. भारत का प्रथम परमाणु ऊर्जा रिएक्टर कौनसा था ?

Ans:- अप्सरा

903. विक्रम साराभाई अन्तरिक्ष केन्द्र कहाँ पर स्थित है ?

Ans:- त्रिवेन्द्रम

904. वन अनुसंधान संस्थान कहाँ स्थित है ?

Ans:- देहरादून

905. अन्टार्कटिका में प्रथम भारतीय स्थायी प्रयोगशाला को क्या नाम दिया गया?

Ans:- दक्षिण गंगोत्री

906. इलिसा (ELISA) परीक्षण किस रोग की पहचान के लिए किया जाता है ?

Ans:- एड्स रोग

907. हवाई जहाज के 'ब्लैक बाक्स' का कैसा रंग होता है ?

Ans:- नारंगी

908. खुरपका व मुँहपका रोग' किनमें पाया जाता है?

Ans:- गाय और भैंस

909. सूचना की उस सबसे छोटी इकाई को क्या कहते हैं जिसे कंप्यूटर समझ और प्रोसेस कर सकता है ?

Ans:- बिट

910. संपूर्ण विश्व में कुल कितने समय जोन (Time Zone) में विभाजित है ?

उत्तर :- 24

911. भारत का कौन सा राज्य चंदन की लकड़ी के लिए सबसे अधिक प्रसिद्ध है ?

उत्तर :- कर्नाटक

912. अंग्रेजों द्वारा शुरू किए गये किस कानून को काला कानून कहा जाता है ?

उत्तर :- रॉलेट एक्ट कानून

913. वैदिक कालीन लोगों ने सर्वप्रथम किस धातु का प्रयोग किया ?

उत्तर :- ताँबा

914. तेल और प्राकृतिक गैस–आयोग (ONGC) का मुख्यालय कहाँ पर स्थित है ?

Ans:- देहरादून

915. भारत का अनुसंधान केंद्र 'हिमाद्रि' कहाँ स्थित है?

Ans:- आर्कटिक क्षेत्र

916. राष्ट्रीय संग्रहालय कहाँ पर स्थित है?

Ans:- कोलकाता

917. संविधान सभा का अस्थायी अध्यक्ष किसे चुना गया?

Ans:- सच्चिदानन्द सिन्हा

918. भारतीय संविधान में नागरिकों को कितने मूल अधिकार प्राप्त है ?

Ans:- 6

919. 42वें संशोधन द्वारा प्रस्तावना में कौन-से शब्द जोड़े गए ?

Ans:- समाजवादी, धर्मनिरपेक्ष व अखंडता

920. भारत में सबसे अधिक वर्षा किस मानसून से होती हे ?

Ans:- दक्षिणी-पश्चिमी मानूसन

921. भारत में औसतन वर्षा कितनी होती है ?

Ans:- 118 सेमी

922. दक्षिणी-पश्चिमी मानसून किस राज्य में सबसे पहले प्रवेश करता है ?

Ans:- केरल में

923. दूरदर्शन से रंगीन प्रसारण कब आरम्भ हुआ ?

Ans:- 1982

924. विश्व वन्य जीव कोष द्वारा प्रतीक के रूप में किस पशु को लिया गया है?

Ans:- पांडा

925. विश्व के सबसे बड़े कम्प्यूटर नेटवर्क का नाम क्या हैं?

Ans:- इंटरनेट

926. ई-मेल के जन्मदाता कौन हैं?

Ans:- रे. टॉमलिंसन

927. बर्ल्ड वाइड बेव (www) के आविष्कारक कौन हैं?

Ans:- टिम वर्नर्स ली

928. किस व्यक्ति को 'बिना ताज का बादशाह' कहा जाता है ?

उत्तर :- सुरेन्द्रनाथ बनर्जी

929. दीपिका कुमारी का संबंध किस खेल से है ?

Ans:- तीरंदाजी

930. भारत में करेन्सी नोट पर उसका मूल्य कितनी भाषाओं में लिखा होता है ?

Ans:- 17

31. फ्रांस की क्रांति कब हुई थी?

Ans:- 1789 ई०

932. 'दुनिया के मजदूरों एक हो' का नारा किसने दिया?

Ans:- कार्ल मार्क्स

933. समानता, स्वतंत्रता और बंधुत्व का नारा किस क्रांति की देन हैं?

Ans:- फ्रांस की राज्य क्रांति

934. एशिया का नोबेल पुरस्कार किसे कहा जाता है?

Ans:- मैग्सेसे पुरस्कार को

935. सर्वाधिक ओजोन क्षयकारी गैस कौन-सी है?

Ans:- CFC (क्लोरोफ्लोरोकार्बन)

936. सी. पी. यू. का पूरा नाम क्या है?

Ans:- सेन्ट्रल प्रोसेसिंग यूनिट

937. सौरमंडल में ग्रहों की संख्या कितनी हैं?

Ans:- 8

938. जब चन्द्रमा, सूर्य और पृथ्वी के बीच में आता है तब कौनसा ग्रहण लगता है ?

Ans:- सूर्यग्रहण

939. जल का शुद्धतम रूप कौनसा होता हैं ?

Ans:- वर्षा का जल

940. भारत में किस प्रकार की विद्युत् का सर्वाधिक उत्पादन होता है ?

Ans:- ताप विद्युत्

941. रेडियो तरंगें वायुमंडल की किस सतह से परिवर्तित होती है ?

Ans:- आयन मण्डल

942. हवाई जहाज वायुमंडल की किस परत में उड़ते है ?

Ans:- समतापमंडल

943. क्षोभमण्डल की धरातल से अधिकतम ऊँचाई कितनी होती है ?

Ans:- 18 कि.मी.

944. भारत में दक्षिण-पश्चिम मानसून किन महीनों में सक्रिय रहता है ?

Ans:- जून से सितम्बर

945. प्रार्थना समाज की स्थापना किसने की ?

Ans:- आत्माराम पांडूरंग

946. कोलकाता में 'मिशनरी ऑफ़ चैरिटी' संगठन की स्थापना किसने की थी ?

Ans:- मदर टेरेसा

947. 'लेडी विथ द लैंप' के नाम से कौन प्रसिद्ध है ?

Ans:- फ्लोरेंस नाइटिंगेल

948. कौनसी गैस जलने में सहायक है ?

Ans:- ऑक्सीजन

949. वायुमंडल का कितना भाग 29 किलोमीटर ऊँचाई तक पाया जाता है ?
Ans:- 97%

950. 1857 की क्रांति का तात्कालिक कारण क्या था ?

Ans:- चर्बीयुक्त कारतूस का सेना में प्रयोग

951. सन 1906 में ढाका में मुस्लिम लीग की स्थापना किसने की ?

Ans:- आगा खां और सलिमुल्ला खां ने

952. भारत में डाक टिकट पहली बार कब चली ?

Ans:- 1854

953. बंगाल, बिहार और ओडिसा में स्थाई बंदोबस्त कब और किसने लागु किया ?

Ans:- 1793 में लार्ड कार्नवालिस ने

954. पानीपत की पहली लड़ाई 1526 में किसके बीच लड़ी गयी ?

Ans:- बाबर और इब्राहीम लोधी

955. किस मुगल बादशाह की मृत्यु दिल्ली में पुस्तकालय की सीढ़ियों से गिरकर हुई ?
Ans:- हुमायूँ

956. अकबर ने फतेहपुर सीकरी में बुलंद दरवाजा किस उपलक्ष्य में बनवाया ?

Ans:- गुजरात विजय

957. भू-राजस्व की दहसाला पद्धति किसने लागु की ?

Ans:- अकबर

958. औरंगाबाद में ताजमहल की प्रतिकृति किसने बनवाई थी ?

Ans:- औरंगजेब ने

959. लन्दन में 'इंडिया हाउस' की स्थापना किसने की ?

Ans:- श्यामजी कृष्ण वर्मा

960. कांग्रेस की स्थापना के समय भारत का वायसराय कौन था ?

Ans:- लार्ड डफरिन

961. विश्व का सबसे बड़ा प्रायद्वीप कौनसा है ?

Ans:- अरब प्रायद्वीप

962. पश्चिमी घाट को अन्य किस नाम से जाना जाता है ?

Ans:- सहयाद्रि पर्वत श्रृंखला

963. तम्बाकू के धुएं में कौनसा हानिकारक तत्व पाया जाता है ?

Ans:- निकोटिन

964. राष्ट्रपति का अध्यादेश कितने समय के लिए लागु रहता है ?

Ans:- 6 मास

965. मौसमी गुब्बारों में किस गैस का प्रयोग होता है ?

Ans:- हीलियम

966. मानव शरीर में रुधिर बैंक का कार्य कौनसा अंग करता है ?

Ans:- तिल्ली (प्लीहा) Spleen

967. गाय के दूध का पीला रंग किसकी उपस्थिति के कारण होता है ?

Ans:- कैरोटीन

968. विश्व एड्स दिवस कब मनाया जाता है ?

Ans:- 1 दिसंबर

969. भारत के राष्ट्रीय ध्वज का डिजाईन किसने तैयार किया था ?

Ans:- मैडम भीखाजी कामा

970. सन 1815 में आत्मीय सभा का गठन किसने किया था ?

Ans:- राजा राममोहन राय

971. चाभी भरी घड़ी में कौनसी ऊर्जा होती है ?

Ans:- स्थितिज ऊर्जा

972. प्रतिरोध का मात्रक कौनसा है ?

Ans:- ओहम

973. फ्यूज की तार किस पदार्थ की बनी होती है ?

Ans:- टिन और सीसे की मिश्रधातु

974. इलेक्ट्रान की खोज किसने की ?

Ans:- जे.जे.थामसन

975. गुरुत्वाकर्षण के नियम किसने बनाये ?

Ans:- न्यूटन

976. परमाणु बम का आविष्कार किसने किया ?

Ans:- ऑटोहान

977. इलेक्ट्रिक हीटर की कुंडली किस धातु से बनाई जाती है ?

Ans:- नाइक्रोम

978. हेमेटाइट और मैग्नेटाइट किसके अयस्क हैं ?

Ans:- लोहा

979. कार की बैटरी में किस अम्ल का प्रयोग होता है ?

Ans:- सल्फ्युरिक अम्ल

980. मात्रकों की अंतर्राष्ट्रीय पद्धति किस वर्ष लागु हुई ?

Ans:- सन 1971 में

981. 'सर्वेन्ट्स ऑफ़ इंडिया सोसाइटी' की स्थापना किसने की थी ?

Ans:- गोपालकृष्ण गोखले

982. खिलाफत आन्दोलन का नेतृत्व किसने किया ?

Ans:- मौलाना मोहम्मद अली

983. किस घटना के बाद रवीन्द्रनाथ टैगोर ने 'सर' की उपाधि लौटा दी थी ?

Ans:- जलियाँवाला बाग हत्याकांड

984. विश्व में सर्वाधिक जनसंख्या वाला शहर कौनसा है ?

Ans:- टोक्यो

985. सफ़ेद रक्त कण (W.B.C.) का कार्य क्या है ?

Ans:- रोग प्रतिरोधक क्षमता

986. अर्थशास्त्र का जनक कौन कहलाता है ?

Ans:- एडम स्मिथ

987. बीजक किसकी रचना है ?

Ans:- संत कबीरदास

988. चाँदबीबी कहाँ की शासक थी ?

Ans:- अहमदनगर

989. इंटरनेट द्वारा सन्देश भेजना क्या कहलाता है ?

Ans:- ई-मेल

990. मैराथन दौड की दूरी कितनी होती है ?

Ans:- 26 मील 385 गज (आधिकारिक दूरी 42.195 किलोमीटर)

991. 'समुद्री जल' से शुद्ध जल किस प्रक्रिया द्वारा प्राप्त किया जा सकता है ?

Ans:- आसवन

992. 'तुलबुल' परियोजना किस नदी पर स्थित है ?

Ans:- झेलम

993. लोक सभा की बैठक आयोजित करने के लिए अपेक्षित गणपूर्ति (कोरम) क्या है ?

Ans:- 1/10

994. भारत में कौनसी जलवायु पाई जाती है ?

Ans:- उष्णकटिबंधीय मानसूनी जलवायु

995. किस मिट्टी को रेगुर मिट्टी के नाम से जाना जाता है ?

Ans:- काली मिट्टी

996. लाल मिट्टी का रंग लाल क्यों होता है ?

Ans:- लौह ऑक्साइड की उपस्थिति के कारण

997. भारत के कितने प्रतिशत क्षेत्रफल पर खेती होती है ?

Ans:- 51%

998. भारत के पूर्वोत्तर के राज्यों में जंगलों को काटकर जो खेती की जाती है, वह क्या कहलाती है ?

Ans:- झूम खेती

999. भारत में रेशम का सबसे अधिक उत्पादन किस राज्य में होता है ?

Ans:- कर्नाटक

1000. टेस्ट मैचों में भारत की और पहला शतक किसने लगाया था ?

Ans:- लाला अमरनाथ ने

Knowledge Of Rajasthan

12

राजस्थान हवेलियां बावडिया छतरियाँ MCQ

Q 1.) दूध बावड़ी स्थित है

   a) आबू

b) सीकर

c) बीकानेर

d) सूरतगढ़

Answer :-a) आबू

   Q 2.) 66 झरोखों वाली पटवो की हवेली किस जिले में स्थित है

   a) जैसलमेर

b) बाड़मेर

c) बीकानेर

d) सिरोही

Answer :-a) जैसलमेर

   Q 3.) सलीम सिंह की हवेली कहां स्थित है

   a) जोधपुर

b) नागौर

c) जैसलमेर

d) अलवर

Answer :-c) जैसलमेर

   Q 4.) कोटा बूंदी मार्ग पर देवपुर गांव के निकट 1683 में निर्मित छतरी के स्तन्भो की संख्या कितनी है

   a) 55

b) 84

c) 82

d) 76

Answer :-b) 84

Q 5.) राजस्थान के गेटों की छतरियां किस वंश के राजपरिवार के संबंधित में है

a) मुगल वंश

b) मराठा वंश

c) कच्छावा वंश

d) चिश्ती वंश

Answer :-c) कच्छावा वंश

Q 6.) राजस्थान का एकमात्र काष्ट महल कहां पर बनाया गया था

a) झालावार

b) अलवर

c) उदयपुर

d) पुष्कर

Answer :-a) झालावार

Q 7.) विनय विलास महल कहां स्थित है

a) उदयपुर

b) अलवर

c) मंडोर

d) सूरतगढ़

Answer :-b) अलवर

Q 8.) विश्व का सबसे बड़ा चांदी का पात्र कहां रखा हुआ है

a) सिटी पैलेस जोधपुर

b) सिटी पैलेस जयपुर

c) सिटी पैलेस उदयपुर

d) सिटी पैलेस भरतपुर

Answer :-b) सिटी पैलेस जयपुर

Q 9.) काठ का रैन बसेरा महल राजस्थान के किस जिले में है

a) पुष्कर

b) करौली

c) राजसमंद

d) झालावार

Answer :-d) झालावार

Q 10.) मुगल यूरोपीय एंव राजपूत स्थापत्य कला का उद्भव समन्वय लिए मेहमानबाजी के लिए निर्मित मुबारक महल में स्थित है

a) जयपुर

b) जोधपुर

c) अलवर

d) कोटा

Answer :-a) जयपुर

Q 11.) 1857 की क्रांति में अंग्रेज एवं जोधपुर राज्य की संयुक्त सेना को किसने पराजित किया था

a) ठाकुर कुशाल सिंह

b) रामसिंह द्विवतीय

c) प्रताप सिंह बारहठ

d) सीताराम

Answer :-b) रामसिंह द्विवतीय

Q 12.) किस क्रांतिकारी को 20 वर्ष की सजा देकर सेंट्रल जेल में रखा गया

a) गोविंद गिरी

b) सागरमल गोपा

c) केसरी सिंह बारहठ

d) ठाकुर कुशाल सिंह

Answer :-c) केसरी सिंह बारहठ

Q 13.) राजस्थान के किस क्रांतिकारी की बरेली की जेल में अमानुषिक यातनाओ के कारण मृत्यु हुई

a) गोविंद गिरी

b) प्रताप सिंह बाहर

c) केसरी सिंह बारहठ

d) रामसिंह द्विवतीय

Answer :-b) प्रताप सिंह बाहर

Q 14.) राजस्थान विकास पार्टी की स्थापना की थी

a) नरेश चन्द्र

b) गोकुलभाई भट्ट

c) कर्नल टॉड

d) बूटा सिंह

Answer :-d) बूटा सिंह

Q 15.) राजस्थान के गांधी के रूप मे किसे जाना जाता है

a) मोतीलाल तेजावत

b) गोकुलभाई भट्ट

c) अर्जुन लाल सेठी

d)माणिक्य लाल वर्मा

Answer :-b) गोकुलभाई भट्ट

Q 16.) महाराणा मेवाड़ चेरिटेबल फाउंडेशन का मुख्यालय कहां है

a) उदयपुर

b) राजसमंद

c) सिरोही

d) जयपुर

Answer :-a) उदयपुर

Q 17.) 1857 की क्रांति के समय कोटा के महाराजा थे

a) जय नारायण व्यास

b) गोविंद गिरी

c) दामोदर दास राठी

d) रामसिंह द्वितीय

Answer :-d) रामसिंह द्वितीय

Q 18.) अलाउद्दीन खिलजी के आक्रमण के समय जालौर का शासक था

a) कान्हड़ देव

b) रतन सिंह

c) मालदेव

d) हजारी सिंह

Answer :-a) कान्हड़ देव

Q 19.) 1734 ई में मराठो की पराजित करने के लिए राजस्थान के शासको की बैठक कहां हुई

a) हुरड़ा

b) विराटनगर

c) बयाना

d) उदयपुर

Answer :-a) हुरड़ा

Q 20.) मेवाड़ प्रजामंडल का प्रथम अध्यक्ष कौन था

a) जानकीलाल बजाज

b) माणिक्य लाल वर्मा

c) अजीत सिंह

d) रमेश पाल सिंह

Answer :-b) माणिक्य लाल वर्मा

13

राजस्थान में जातियाँ एंव जनजातियाँ

1) सीरवी जाति खेती से जुड़ी हैं अधिकांश किस जिले में पाई जाती है

a) जालौर

b) बाड़मेर

c) जोधपुर

d) उदयपुर

   Answer :-c) जोधपुर

   2) कौन सी जाति पाबूजी की अनुयायी ही है

a) जैनी

b)थोरी

c)भील

d) सहरिया

   Answer :-b) थोरी

   3) फाइरे फाइरे किस जनजाति का रणघोष है

a) भील

b) मीणा

c) कथोडी

d) कोतवाल

   Answer :-a) भील

   4) धारी संस्कार राजस्थान की किस जनजाति से प्रचलित हैं

a) सहरिया

b) मीणा

c) जैनी

d)थोरी

Answer :-a) सहरिया

5) राजस्थान का कौनसा प्रथम आदिवासी जिला है जिसमें पूर्ण साक्षम घोषित किया गया है

a) डूंगरपुर

b) उदयपुर

c) भीलवाड़ा

d) सिरोही

Answer :-a) डूंगरपुर

6) सहरिया जनजाति से मुखिय कहलाता है

a)गोण्ड

b) कोतवाल

c) कथोड़ी

d) मीणा

Answer :-b) कोतवाल

7) जैसलमेर बाड़मेर में पाई जाने वाली संगीत जाति कौन सी है

a) लंगा जाति

b)पलाश जाति

c)टोपा जाति

d)गोपना जाति

Answer :-a) लंगा जाति

8) राजस्थान के किस जिले में अनुसूचित जनजाति की संख्या का जिले की कुल जनसंख्या से अनुपात सर्वाधिक है

a) उदयपुर

b) सिरोही

c) बांसवाड़ा

d) जोधपुर

Answer :-c) बांसवाड़ा

9) गरासिया जनजाति के लोग राजस्थान के किस इलाके में पाए जाते हैं

a) आबूरोड सिरोही

b) भीलवाड़ा

c) टोंक

d) बूंदी

Answer :-a) आबूरोड सिरोही

10) राजस्थान में कथौड़ी जनजाति मुख्यत केन्द्रित है

a) उदयपुर जिले

b) डूंगरपुर

c) कोटा

d) भीलवाड़ा

Answer :-a) उदयपुर जिले

11) भीलों के गाँव के मुखिया कहलाते है

a) पलाश

b) गमेती

c) गोपना

d) कोरुआ

Answer :-b) गमेती

12) पड़िहार मीणा जनजाति क्षेत्र मूलतः है

a) जोधपुर जैसलमेर जालौर

b) आबूरोड सीकर चुरु

c) टोंक भीलवाड़ा बूँदी

d) उदयपुर बाँसवाड़ा नागौर

Answer :-c) टोंक भीलवाड़ा बूँदी

13) राजस्थान के किस भाग में बिश्नोई समुदाय बहुतायत से पाया जाता है

a) उत्तर पूर्व भाग में

b) उत्तर पश्चिम भाग में

c) उत्तर दक्षिण भाग में

d) उत्तर उतरी भाग में

Answer :-b) उत्तर पश्चिम भाग में

14) भीलों के घर कहलाता है

a) झोपड़ा

b) मकान

c) छपरा

d) टापरा

Answer :-d) टापरा

15) मंडा खंडो में किस जनजाति का बहुमूल्य है

a) मीणा

b) भील

c) ग्रासिया

d) सहरिय

Answer :-a) मीणा

16) भीलो के ग्राम को कहते है

a) टापरा

b) फला

c) पलाश

d) तलाक

Answer :-b) फला

17) घोड़ा बावसी देवता किस जाति का है

a) रायका

b) गाड़िया

c) लुहार

d) गरासिया

Answer :-d) गरासिया

18) ऐसी कौन सी जाति है जो अपने आपको हिंदू कहते हैं लेकिन हिंदू धर्म के नियमों को नहीं मानती है

a) मेर

b) मिसल

c) भाट

d) रायका

Answer :-a) मेर

19) भील जनजाति अपने आप को किस का वंशज मानते हैं

a) केसरियानाथ जी

b) ऋषभदेव जी

c) आदित्यनाथ जी

d) महादेव

Answer :-d) महादेव

20) वह कौन सा जिला है जहां जनजातियों का सबसे कम प्रतिशत पाया जाता है

a) जैसलमेर

b) बाड़मेर

c) नागौर

d) बीकानेर

Answer :-c) नागौर

14

राजस्थान की भाषा एंव बोलियाँ MCQ

Q 1.) निम्न में से कौनसी ढूंढाडी की उपबोली नहीं है

   a) तोरावाटी

b) राजावटी

c) नागर चोल

d) राठी

Answer :- d) राठी

Q 2.) राजस्थान की किस बोली पर मराठी भाषा का प्रभाव है

   a) वागड़ी

b) मालवी

c) ढूंढनी

d) राठी

Answer :- b) मालवी

Q 3.) डूंगरपुर बांसवाडा क्षेत्र में कौन सी भाषा बोली जाती है

   a) बागडी

b) वागड़ी

c) ढूंढनी

d) मेवाती

Answer :-b) वागड़ी

Q 4.) राजस्थानी भाषा का पहला माने जाने वाला नाटक किसने लिखा था

   a) सूरदास

b) तुलसीदास

c) शिवचन्द्र भरतिया

d) हरि चन्द्र

Answer :-c) शिवचन्द्र भरतिया

Q 5.) राजस्थान के निंलिखित में से किस जिले में मेवाती भाषा बोली जाती है

a) डूंगरपुर

b) सीकार

c) अलवर

d) भीलवाड़ा

Answer :-c) अलवर

Q 6.) निम्नलिखित में से किस राजस्थानी बोली को ग्रियर्सन ने भीली बोली कहा

a) अहीरवाटी

b) मेवाती

c) बागड़ी

d) वागड़ी

Answer :-d) वागड़ी

Q 7.) सोरठा छंद और माँड़ राग जिस बोली की शिल्पगत विशेषताएं है वह है

a) मारवाड़ी

b) मालवी

c) मेवाती

d) मेवाड़ी

Answer :-a) मारवाड़ी

Q 8.) दक्षिणी पूर्वी राजस्थान की बोली है

a) ढूढांति

b) हाडौती

c) मालवी

d) मारवाड़ी

Answer :-c) मालवी

Q 9.) किसने राजरूपक की भूमिका में डिंगल को राजस्थानी भाषा कहा है

a) प. रामकरण आसोपा

b) शिवचन्द्र भरतिया

c) लालदास

d) चरणदास

Answer :-a) प. रामकरण आसोपा

Q 10.) कौन सी बोली राजस्थानी बोलियां के अंतर्गत नही गिनी जाती है

a) फारसी

b) ब्रज

c) उर्दू

d) आरबी

Answer :-b) ब्रज

Q 11.) किस जिले में 'गोइवाड़ी बोली ' बोली जाती है

a) जोधपुर

b) जालौर

c) नागौर

d) बाड़मेर

Answer :-b) जालौर

Q 12.) ' खेराड़ी ' बोली किस क्षेत्र में प्रचलित है

a) जोधपुर – पाली

b) टोंक – भीलवाड़ा

c) अलवर – भरतपुर

d) डूंगरपुर – जयपुर

Answer :-b) टोंक – भीलवाड़ा

Q 13.) तोरावाटी है

a) ढूढाड़ी बोली

b) मेवाती बोली

c) मारवाड़ी बोली

d) हाड़ौती बोली

Answer :-b) ढूढाड़ी बोली

Q 14.) मारवाड़ी भाषा का विशुद्ध रूप कहा दृष्टिगत होता है

a) जोधपुर

b) पाली

c) भीलवाड़ा

d) अलवर

Answer :-a) जोधपुर

Q 15.) राजस्थान की मरुभाषा कहलाती है

a) मेवाती

b) मारवाड़ी

c) मालवी

d) मेवाड़ी

Answer :-b) मारवाड़ी

Q 16.) राजस्थानी भाषा का उत्पती काल है

a) 12 वी शताब्दी

b) 14 वी शताब्दी

c) 16 वी शताब्दी

d) 18 शताब्दी

Answer :-a) 12 वी शताब्दी

Q 17.) ऐतिहासिक भौगोलिक एंव भाषा वैज्ञानिकों के आधार पर राजस्थानी की उत्पती मानी जाती

a) गुर्जर अपभ्रंश

b) जी .ए. गियर्सन

c) चक्रपाणि मिश्रा

d) पृथ्वीराज

Answer :-a) गुर्जर अपभ्रंश

Q 18.) राजस्थान में सर्वाधिक लोगों द्वारा बोली जाने वाली भाषा है

a) मारवाड़ी

b) मेवाती

c) हाडौती

d) शेखवती

Answer a) मारवाड़ी

Q 19.) 1961 में कुल कितनी राजस्थानी की बोलियां थी

a) 71 बोलियां

b) 72 बोलियाँ

c) 73 बोलियाँ

d) 74 बोलियाँ

Answer :-c) 73 बोलियाँ

Q 20.) संत दादू ने अपनी साहित्यिक रचनाएँ किस भाषा में लिखी

a) मेवाती

b) ढूंढाड़ी

c) मालवी

d) राठी

Answer :-b) ढूंढाड़ी

15

राजस्थान की प्रमुख चित्रकला

Q 1.) राजस्थान की फड़ चित्रकारी चित्रकला के किस स्कूल से जुड़ी है

   a) मेवाड़

b) मारवाड़

c) मालवीय

d) मेवाती

Answer :-a) मेवाड़

   Q 2.) सीताराम बदनसिंह और नानकराम चित्रकार चित्रकला की किस शैली से सम्बद्ध थे

   a) किशनगढ़

b) जयपुर

c) अलवर

d) नागर

Answer :-a) किशनगढ़

   Q 3.) राजस्थान में वह कौन सी चित्र शैली है जिसमें गणिकाओ का चित्रण किया गया है

   a) नागर शैली

b) किशनगढ़ शैली

c) अलवर शैली

d) मारवाड़ शैली

Answer :-c) अलवर शैली

   Q 4.) किस चित्र शैली में मतिराम रचित 19वीं शताब्दी की हिंदी साहित्य रचना रसराज का चित्रण हेतु विषय के रूप में प्रयोग किया जाता है

a) मेवाड़

b) मारवाड़

c) मालवीय

d) मेवाती

Answer :-b) मारवाड़

Q 5.) मीनाकारी की कला राजस्थान के सर्वप्रथम किसके द्वारा लाई गई है

a) मानसिंह द्विवतीय

b) मानसिंह प्रथम

c) उमेद सिंह

d) किशन सिंह

Answer :-a) मानसिंह द्विवतीय

Q 6.) रागमाला का प्रसिद्ध चित्रकार डाकू राजपूताना की किस शैली से संबद्ध है

a) किशनगढ़

b) बूंदी

c) मेवाड़

d) बीकानेर

Answer :-c) मेवाड़

Q 7.) बूंदी की चित्रकारी शैली किस महाराजा के काल में चरम पर थी

a) उम्मेद सिंह

b) मानसिंह

c) जगत सिंह

d) श्रीनाथ सिंह

Answer :-a) उम्मेद सिंह

Q 8.) राजस्थानी चित्रकला जिसमें पशु पक्षियों का श्रेष्ठ चित्रण हुआ है

a) कोटा शैली

b) बीकानेर शैली

c) किशनगढ़ शैली

d) बूंदी शैली

Answer :-d) बूंदी शैली

Q 9.) शैल चित्रों के लिए प्रसिद्ध स्थल अलणीया किस जिले में स्थित है

a) अलवर

b) भरतपुर

c) कोटा

d) बूंदी

Answer :-c) कोटा

Q 10.) चित्रकला की किशनगढ़ शैली में मुख्यतः किस वृक्ष को चिन्हित किया गया है

a) केले

b) अनार

c) संतरा

d) सेव

Answer :-a) केले

Q 11.) चावंडा शैली की चित्रकला किसके शासनकाल में प्रारंभ हुई

a) गीतगोविंद

b) प्रताप

c) अमरसिंह

d) मानसिंह

Answer :-b) प्रताप

Q 12.) अमरचन्द द्वारा चित्रित चाँदनी रात की संगीत गोष्ठी किस चित्रकला शैली का प्रमुख विषय है

a) किशनगढ़

b) मेवाड़

c) जयपुर

d) कोटा

Answer :-a) किशनगढ़

Q 13.) मूमल किस चित्रकला शैली का प्रमुख विषय है

a) जैसलमेर

b) बाड़मेर

c) नागौर

d) जालौर

Answer :-a) जैसलमेर

Q 14.) आदमकद पोर्ट्रेट किस शैली की विशेषता है

a) जयपुर

b) जोधपुर

c) अलवर

d) बूँदी

Answer :-a)जयपुर

Q 15.) महाराणा जगतसिंह का काल किस चित्रशैली का स्वर्णकाल माना जाता है

a) किशनगढ़ शैली

b) मारवाड़ शैली

c) कोटा शैली

d) मेवाड़ शैली

Answer :-d) मेवाड़ शैली

Q 16.) पिछवाई चित्रकला के लिए प्रसिद्ध है

a) सुरतखाना

b) जयपुर

c) जैसलमेर

d) नाथद्वारा

Answer :-d) नाथद्वारा

Q 17.) चितेरों की ओबरी किससे संबधित है

a) आनन्द कुमार स्वामी

b) जगत सिंह प्रथम

c) जगत सिंह द्विवतीय

d) अमरसिंह प्रथम

Answer :-b) जगत सिंह प्रथम

Q 18.) शेखावाटी क्षेत्र किस प्रकार के चित्रो के लिए प्रसिद्ध है

a) चित्र पर

b) अंकित चित्र

c) चोखा महल

d) भिती चित्रों

Answer :-d) भिती चित्रों

Q 19.) शेखावाटी क्षेत्र की कला संपदा के रंग सरक्षण हेतु 28 जून 2006 को राजकीय संग्रहालय की स्थापना की गई

a) जयपुर

b) सीकर

c) सिरोही

d) राजसमंद

Answer :-b) सीकर

Q 20.) नूर मोहम्मद राजपूताने के किस राज्य का प्रमुख चित्रकार था

a) कोटा

b) बूँदी

c) अलवर

d) भरतपुर
Answer :-a) कोटा

16
राजस्थान के लोक देवता

1) जिला जिसमे लोक देवता रामदेव की समाधि अवस्थित है

a) जैसलमेर

b) बाड़मेर

c) जोधपुर

d) जालौर

    Answer :-a) जैसलमेर

    2) पाबूजी को अवतार माना जाता है

a) राम जी

b) लक्ष्मण

c) भरत

d) कृष्णा

    Answer :-b) लक्ष्मण

    3) सुगन चिड़ी को किस लोकमाता का स्वरूप माना जाता है

a) शीतला माता

b) जीण माता

c) आयड़ माता

d) आई माता

    Answer :-c) आयड़ माता

    4) जाहरपीर के नाम से कौनसे लोक देवता के नाम से जाना जाता है

a) पाबूजी

b) गोगा जी

c) केशरिया कांवरजी

d) तेजाजी

Answer :-b) गोगा जी

5) राजस्थान के लोक देवता हड़भूजी का जन्म हुआ

a) गोगामेडी

b) नागौर

c) खड़नाल

d) जैसलमेर

Answer :-b) नागौर

6) जाभोजी का जन्म स्थान कौन सा है

a) पीपासर

b) ददरेवा

c) जालौर

d) नागौर

Answer :-a) पीपासर

7) लोक देवी शितला माता का वाहन है

a) गधा

b) बत्तख

c) चिड़ी

d) हंस

Answer :-a) गधा

8) तेजाजी के जन्म स्थान का नाम है

a) खरनाल

b) पीपासर

c) नागौर

d) ददरेवा

Answer :-a) खरनाल

9) लोक देवता तेजाजी महाराज का पवित्र तीर्थ स्थल बांसी दुगारी कहां स्थित है

a) बूँदी

b) कोटा

c) अलवर

d) भरतपुर

Answer :-a) बूँदी

10) करोली क्षेत्र में कैला देवी की आराधना में गाए जाने वाला गीत है

a) फागणिया

b) लहरिया

c) लंगुरिया

d) सावनिया

    Answer :-c) लंगुरिया

    11) राजस्थान के किस लोक देवता का संबंध कोलू गांव से है

    a) पाबूजी

b) गोगाजी

c) हड़बूजी

d) तेजाजी

    Answer :-b) गोगाजी

    12) डाली बाई सुगना बाई किसके शिष्य थे

a) गोगाजी

b) रामदेव जी

c) पाबूजी

d) तेजाजी

    Answer :-b) रामदेव जी

    13) तेजाजी धाम सुरसरा किस जिले में स्थित है

a) अलवर

b) अजमेर

c) उदयपुर

d) पालि

    Answer :-b) अजमेर

    14) गणगौर पर किस देवी देवता का पूजन होता है

a) ब्रह्मा – सरस्वती

b) विष्णु – महालक्ष्मी

c) शिव -पार्वती

d) गणेश – रिद्धि – सिद्धि

    Answer :-c) शिव -पार्वती

    15) चूहों वाली देवी के नाम से विख्यात लोक देवी है

a) जंभे माता

b) करणी माता

c) शीतला माता

d) जीण माता

    Answer :-b) करणी माता

16) कंठेसरी माता किसकी लोक देवी मानी जाती है

a) उज्जैन

b) तिलवाड़ा

c) आदिवासीयों

d) ओसवालों

Answer :-c) आदिवासीयों

17) रामदेव जी के घोड़े का रंग कैसा है

a) सफेद

b) नीला

c) काला

d) भूरा

Answer :-b) नीला

18) लोक देवता गोगाजी का थान सामान्यता किस पेड़ के नीचे बनाया जाता है

a) खेजड़ी

b) रोहिडा

c) बड़ला

d) नीम

Answer :-a) खेजड़ी

19) राजस्थान में सर्वाधिक महत्वपूर्ण लोक देवता माने जाते हैं

a) गोगाजी

b) बाबूजी

c) हड़बूजी

d) तेजाजी

Answer :-d) तेजाजी

20) बाण माता कुलदेवी की आराधना होती है

a) मेवाड़

b) हाडोती

c) शेखावटी

d) मारवाड़

Answer :-a) मेवाड़

17

राजस्थान के प्रमुख मेले एंव पशु मेले

1) कौन सा त्यौहार होली के लगभग एक पखवाड़े बाद मनाया जाता है

a) तीज

b) गणगौर

c) घूमर

d) गवरी

Answer :-b) गणगौर

2) राजस्थान का प्रसिद्ध बेणेश्वर मेला किस माह में भरता है

a) चैत्र

b) माघ

c) भाद्रपद

d) आश्विन

Answer :-b) माघ

3) जयपुर में तीज की सवारी किस माह में निकाली जाती है

a) सावन

b) भादवा

c) माघ

d) कार्तिक

Answer :-a) सावन

4) सीताबाड़ी का मेला कहाँ लगता है

a) जयपुर

b) कोटा

c) बांरा

d) अलवर

Answer :-c) बांरा

5) सहरिया जनजाति के मेले के लिए प्रसिद्ध है

a) रामदेवरा

b) जिणमाता

c) सीताबाड़ी

d) सचियामाता

Answer :-c) सीताबाड़ी

6) कौनसा मेला वर्ष में दो बार आयोजित होता है

a) रामदेवरा

b) जीणमाता

c) केशरिया कंवरजी

d) सीतलामाता

Answer :-b) जीणमाता

7) तेजाजी का मेला आयोजित किया जाता है

a) बाड़मेर

b) नागौर

c) जालौर

d) उदयपुर

Answer :-b) नागौर

8) बाणगंगा का मेला कहां लगता है

a) जयपुर

b) उदयपुर

c) राजसमंद

d) अलवर

Answer :-a) जयपुर

9) बागेश्वर मेला का आयोजन कब किया जाता है

a) माघ पूर्णिमा

b) भाद्रपद शुक्ला सप्तमी

c) माघ अमावस्या

d) माघ एकादशी

Answer :-a) माघ पूर्णिमा

11) जसवंतगढ़ पशु मेला कहां आयोजित होता है

a) अजमेर

b) ब्यावर

c) जैसलमेर

d) भरतपुर

    Answer :-d) भरतपुर

    12) मुकाम में जंभेश्वर मेला वर्ष में कितनी बार लगता है

a) 3

b) 1

c) 2

d) 5

    Answer :-c) 2

    13) कौन से शहर का दशहरा मेला प्रसिद्ध है

a) कोटा

b) बूंदी

c) भीलवाड़ा

d) चितौड़गढ़

    Answer :-a) कोटा

    14) पुष्कर में सबसे प्रसिद्ध मंदिर हैं

a) महादेव मंदिर

b) विष्णु मंदिर

c) राम मंदिर

d) ब्रह्माजी का मंदिर

    Answer :-d) ब्रह्माजी का मंदिर

    15) राजस्थान के किस जिले में भर्तृहरि का मेला लगता है

a) अलवर

b) भरतपुर

c) सवाई माधोपुर

d) राजसमंद

    Answer :-a)अलवर

    16) श्री बलदेव पशु मेला कहां पर लगता है

a) कोटा

b) मेड़ता सिटी

c) जोधपुर

d) पाली

    Answer :-b) मेड़ता सिटी

17) राजस्थान में किस जिले में राज्य स्तर के अधिकतम पशु मेले आयोजित किए जाते हैं

a) जैसलमेर

b) बाड़मेर

c) नागौर

d) जालौर

Answer :-c) नागौर

18) राजस्थान का सबसे बड़ा साहित्यिक मेला राजस्थान में कहां आयोजित किया जाता है

a) जयपुर

b) नागौर

c) जैसलमेर

d) उदयपुर

Answer :-a) जयपुर

19) बाबू महाराजा का मेला किस जिले में भरा जाता है

a) धोलपुर

b) भरतपुर

c) उदयपुर

d) बांसवाड़ा

Answer :-a) धोलपुर

20) प्रसिद्ध रामदेव जी का मेला लगता है

a) जैसलमेर गोटन

b) रुणिचा रामदेवरा

c) नागौर

d) जालौर

Answer :-b) रुणिचा रामदेवरा

18

राजस्थान के प्रमुख रीति रिवाज

1) राजस्थान का प्रथम मिशनरी केन्द्र कब स्थापित किया गया

(a) 1825

(b) 1835

(c) 1860

(d) 1885

Answer :-c) 1860

2) असंगत युग्म को छांटिए

(a) सिर व मस्तक के आभूषण : रखड़ी, शीशफूल, फीणी, तावित

(b) बाजू व हाथ के आभूषण : मौखड़ी, पूँचिया, अणत, पट

(c) कमर का आभूषण : कर्धनी, तगड़ी, कणफती, कंदोरा

(d) कान के आभूषण : पोत, हाकर, पंचलड़ी, चंदनहार

Answer :-d) कान के आभूषण : पोत, हाकर, पंचलड़ी, चंदनहार

3) देश हितैषणी सभा का गठन कब किया गया

(a) 2 जुलाई, 1877

(b) 2 नवम्बर, 1880

(c) 12 जून, 1885

(d) 12 अक्टूबर, 1895

Answer :-a) 12 अक्टूबर, 1895

4) नाक में पहना जाने वाला आभूषण है

(a) झेला

(b) चूनी

(c) सांकली

(d) फोलरी

Answer :-b) चूनी

5) सिर पर बाँधे जाने वाले आभूषणों को क्या कहते हैं

(a) सिर रत्न

(b) चूँड़ा रत्न

(c) अनोखा रत्न

(d) अनमोल रत्न

Answer :-b) चूँड़ा रत्न

6) राजस्थान में प्रथम मिशनरी केन्द्र कहाँ स्थापित किया गया

(a) अजमेर

(b) ब्यावर

(c) जयपुर

(d) नागौर

Answer :-b) ब्यावर

7) जमेला आभूषण कहाँ पहना जाता है

(a) नाक में

(b) कान में

(c) कमर में

(d) पैर में

Answer :-b) कान में

8) राजस्थान में 'सागड़ी निवारण अधिनियम' किस वर्ष पारित किया गया

(a) 1955 में

(b) 1961 में

(c) 1965 में

(d) 1968 में

Answer :-b) 1961 में

9) सिर पर पहना जाने वाला आभूषण है

(a) बारी

(b) टीका

(c) अणत

(d) नवरत्न

Answer :-b) टीका

10) आदिवासी स्त्रियों द्वारा पहना जाने वाला वस्त्र है

(a) लूगड़ा

(b) रेनसाई

(c) चूनड़

(d) उपर्युक्त सभी

Answer :- d) उपर्युक्त सभी

11) राजस्थान में सर्वप्रथम किस जिले में कन्या वध को गैर कानूनी घोषित किया गया

(a) बूँदी

(b) कोटा

(c) अलवर

(d) जयपुर

Answer :-b) कोटा

12) राजस्थान की संस्कृति में "मुगधणा" क्या है

(a) माताजी को मेहंदी चढाकर मेहमानों में बाँटना |

(b) वधू को मूँग और घी खिलाना |

(c) लाख की चूड़ियाँ जिसमें चाँदी की कड़ी पिरोई जाती है |

(d) भोजन पकाने के लिए लकडियां जो विनायक स्थापना के पश्चात लाई जाती है

Answer :-d) भोजन पकाने के लिए लकडियां जो विनायक स्थापना के पश्चात लाई जाती है

13) राजस्थानी संस्कृति में 'जांनोटण' क्या है

(a) वर-पक्ष की ओर से दिया जाने वाला भोज

(b) भूमि की माप

(c) एक प्रकार का लोक गीत

(d) एक कृषि कर

Answer :-a) वर-पक्ष की ओर से दिया जाने वाला भोज

14) भील जनजाति में 'कछावू' कौन पहनता है

(a) पुरुष

(b) महिलाएँ

(c) नवयुवक लड़का

(d) बालक

Answer :-b) महिलाएँ

15) भीलों में 'छेड़ा फाड़ना' क्या है

(a) त्योहार

(b) तलाक

(c) विवाह

(d) पुत्र-जन्म

Answer :-b) तलाक़

16) बल्लया' आभूषण कहाँ पहना जाता है

(a) सिर पर

(b) कान में

(c) नाक में

(d) हाथों में

Answer :-d) हाथों में

17) राजस्थानी संस्कृति में 'औलंदी' क्या है

(a) विवाह का एक प्रकार

(b) एक देशी खेल

(c) नववधु के साथ जाने वाली लड़की या स्त्री

(d) राजस्थानी लोक-गीत

Answer :-c) नववधु के साथ जाने वाली लड़की या स्त्री

18) नवनिर्मित गृह के उद्घाटन की रस्म कहलाती है

(a) मौसर

(b) बढार

(c) नांगल

(d) जामणा

Answer :-c) नांगल

19) लार्ड डलहौजी ने स्त्रियों को विधवा विवाह से मुक्ति प्रदान करने हेतु 'विधवा पुनर्विवाह अधिनियम' किस वर्ष बनाया

(a) 1850 में

(b) 1852 में

(c) 1856 में

(d) 1862 में c

Answer :-c) 1856 में

20) आदिवासी स्त्रियों का वस्त्र है

(a) जामसाई साड़ी

(b) नान्दणा

(c) कटकी

(d) उपर्युक्त सभी

Answer :-d) उपर्युक्त सभी

19

राजस्थान के प्रमुख आभूषण

1) मोहन वीणा का अविष्कार किसने किया है

(a) प. रविशंकर ने

(b) चतुर मलिक ने

(c) अल्लाउदीन ने

(d) मनमोहन भट्ट ने

Answer :- मनमोहन भट्ट ने

2) येहुदी मेनुहिन का सम्बन्ध किससे है

(a) सितार

(b) सरोद

(c) वायलिन

(d) पियानो

Answer :- वायलिन

3) अनुष्का रविशंकर किस वाद्ययंत्र से सम्बन्धित है

(a) सितार

(b) तबला

(c) सरोद

(d) गिटार

Answer :- सितार

4) पंडित किशन महाराज किस वाद्ययंत्र के प्रमुख वादक है

(a) तबला

(b) सरोद

(c) पखावज

(d) ढोलक

Answer :- तबला

5) कूदउ सिंह इनमे से किस वाद्ययंत्र से सम्बंधित है

(a) पखावज

(b) बांसुरी

(c) तबला

(d) सितार

Answer :- पखावज

6) बाल मुरली कृष्ण का सम्बन्ध किस वाद्य यंत्र से है

(a) वायलिन

(b) तबला

(c) सरोद

(d) बांसुरी

Answer :- वायलिन

7) वि.वि. सुब्रह्मण्यम कौनसा वाद्ययंत्र बजाते है

(a) पखावज

(b) सितार

(c) सितार

(d) वायलिन

Answer :- वायलिन

8) जाकिर हुसैन कौनसा वाद्ययंत्र बजाते है

(a) सरोद

(b) वीणा

(c) तबला

(d) बांसुरी

Answer :- तबला

9) लतीफ़ खां का सम्बन्ध किस वाद्ययंत्र से है

(a) वीणा

(b) तबला

(c) बांसुरी

(d) मृदगम

Answer :- तबला

10) पलाधार रघु का सम्बन्ध किस वाद्ययंत्र से है

(a) मृदगम

(b) बांसुरी

(c) तबला

(d) सरोद

Answer :- मृदंगम

11) केरल के राजा रवि वर्मा प्रसिद्द थे

(a) नृत्यक

(b) चित्रकार

(c) कवि

(d) गायक

Answer :- चित्रकार

12) इनमे से कौनसा संगीत वाद्य इंडो इस्लामिक उत्पत्ति का नही है

(a) सितार

(b) तबला

(c) सारंगी

(d) शहनाई

Answer :- सारंगी

13) इनमे से क्या एक संगीत के साज का नाम है

(a) बांसुरी

(b) ऑडियोफोन

(c) हेडफोन

(d) गेल्वेनोमीटर

Answer :- बांसुरी

14) इनमे से कौनसा एक वायु आधारित एक भारतीय संगीत वाद्य नही है

(a) ताउस

(b) स्वर मंडल

(c) संवादिनी

(d) रबाब

Answer :- संवादिनी

15) इनमे से मुहं से बजाया जाने वाला वाद्ययंत्र है

(a) नौबत

(b) ताशा

(c) इकतारा

(d) अलगोजा

Answer :- अलगोजा

16) अल्बर्ट आइन्स्टीन कौनसा वाद्ययंत्र बजने में निपुण थे

(a) सितार

(b) गिटार

(c) वायलिन

(d) बांसुरी

Answer :- वायलिन

17) झाल, वीणाई, दमामा, मुरयो है

(a) उत्तराखंड की नदियाँ

(b) लद्दाख की पहाड़ियां

(c) कुमायूं के वाद्य यंत्र

(d) गढ़वाल के मंदिर

Answer :- कुमायूं के वाद्य यंत्र

18) किस वाद्ययंत्र वादक को पद्म श्री से लेकर भारत रत्न तक के सभी राष्ट्रीय सम्मानों से अलंकृत किया जा चूका है

(a) प. रविशंकर

(b) शिवकुमार शर्मा

(c) बिस्मिल्ला खान

(d) हरिप्रसाद चौरसिया

Answer :- बिस्मिल्ला खान

19) येहुदी मेनुहिन का सम्बन्ध किससे है

(a) सितार

(b) सरोद

(c) वायलिन

(d) पियानो

Answer :- वायलिन

20) अनुष्का रविशंकर किस वाद्ययंत्र से सम्बन्धित है

(a) सितार

(b) तबला

(c) सरोद

(d) गिटार

Answer :- सितार

20

राजस्थान के संत एंव सम्प्रदाय

Q 1.) नारी संत दयाबाई शिष्य थी

    a) संत चरणदास

b) दादू दयाल

c) रामचरण

d) नाथपन्थ

Answer :-a) संत चरणदास

    Q 2.) राजस्थान के किस संत द्वारा सत्य भामाजी नु रुसण की रचना की गई

    a) हरिराम दास

b) दरियाव

c) रामदास

d) दादू दयाल

Answer :-d) दादू दयाल

    Q 3.) निम्बार्क सम्प्रदाय की मुख्य पीठ का पर हैं

    a) कांकरोली

b) सलेमाबाद

c) गलता

d) नाथद्वारा

Answer :-d) नाथद्वारा

    Q 4.) रामस्नेह सम्प्रदाय की शाहपुरा शाखा के संस्थापक थे

    a) रामचरण

b) रामदास

c) दरियाव

d) सिद्ध जसनाथ

Answer :-a) रामचरण

Q 5.) जोधपुर में महामंदिर राजस्थान के किस सम्प्रदाय की प्रमुख गधी है

a) मुकाम

b) पंथ सिंह

c) नाथपंत

d) जैनपंत

Answer :-c) नाथपंत

Q 6.) मुकाम किस के लिए प्रसिद्ध है

a) जाट

b) विश्नोइयों

c) ब्राह्मण

d) राजपूत

Answer :-b) विश्नोइयों

Q 7.) संत पीपाजी का जन्म स्थान कौनसा है

a) रेण

b) खेड़ापा

c) गागरोन

d) शाहपुरा

Answer :-c) गागरोन

Q 8.) राजस्थान के किस संघ के प्रमुख शिष्य 52 स्तंभ के नाम से जाना जाता हैं

a) जाम्भोजी

b) दादूदयाल

c) ददुपन्त

d) गरीबदास

Answer :-b) दादूदयाल

Q 9.) पाबूजी को किस का अवतार माना जाता है

a) कृष्णा

b) लक्ष्मण

c) भरत

d) शत्रुघन

Answer :-b) लक्ष्मण

Q 10.) संत मावजी का संबंध है

a) जालौर

b) उदयपुर

c) जयपुर

d) डूगरपुर

Answer :-d) डूगरपुर

Q 11.) काजी हमीरावर्दी को किस स्थान पर सर्वप्रथम काजी बनाया गया था

a) बीकानेर

b) बाड़मेर

c) नागौर

d) जालौर

Answer :-c) नागौर

Q 12.) विश्नोई सम्प्रदाय का संस्थापक कौन था

a) रामचरण

b) दादुवीर

c) जांभोजी

d) तेजोजी

Answer :- जांभोजी

Q 13.) राजस्थान में ऊदरिया पंथ किसमें प्रचलित है

a) भीलों में

b) जाटों में

c) मीणा में

d) नाथों में

Answer :- a) भीलों में

Q 14.) मंत्र राजप्रकाश किस संत के आध्यात्मिक विचारों का संकलन है

a) हरिराम दास

b) हरिचरण

c) हरिदास

d) हरदेव

Answer :-c) हरिदास

Q 15.) सुप्रसिद्ध काया वेली ग्रंथ की रचना किसने की

a) जाम्भोजी

b) पाबूजी

c) दद्पन्त

d) दादू दयाल

Answer :-d) दादू दयाल

Q 16.) अलखिया संप्रदाय की स्थापना किसने की

a) रामसिंह

b) हरिराम

c) लाल गिरी

d) राजप्रकाश

Answer :-c) लाल गिरी

Q 17.) जसनाथी संप्रदाय की स्थापना किसने की

a) जसनाथ जी

b) लाल गिरी

c) दरियाव

d) हरिदास

Answer :-a) जसनाथ जी

Q 18.) दादू पंथ की कितनी शाखाएं थी

a) 08

b) 07

c) 05

d) 03

Answer :-c) 05

Q 19.) राजस्थान में तेरापंथी के प्रवर्तक रहे है

a) जसनाथ जी

b) भीखण जी

c) जाम्भोजी

d) चरणदास जी

Answer :-b) भीखण जी

Q 20.) दादू पंथ का अधिकांश साहित्य किस बोली में लिपि बंद है

a) शेखावटी

b) मेवाती

c) ढूंढाडी

d) हाडोती

Answer :-c) ढूंढाडी

21

राजस्थान के प्रमुख मन्दिर

Q 1.) चित्तौड़गढ़ किले के निम्नलिखित मंदिरों में से कौन सा एक जैन मंदिर है

(a) कुंभश्याम मंदिर

(b) सातवीश देवरी

(c) समिद्धेश्वर मंदिर

(d) तुलजा भवानी मंदिर

Answer :-c) समिद्धेश्वर मंदिर

Q 2.) चौमुखा जैन मंदिर स्थित है

(a) रणकपुर में

(b) आबू में

(c) जोधपुर में

(d) कोटा में

Answer :-a) रणकपुर में

Q 3.) पुष्कर के अतिरिक्त किस स्थान पर ब्रह्मा जी का मंदिर है

(a) बरकाणा (पाली)

(b) आसोतरा (बाड़मेर)

(c) सूजानगढ (चूरू)

(d) ओसियां (जोधपुर)

Answer :-b) आसोतरा (बाड़मेर)

Q 4.) सम्बोधिधाम किस झील के समीप स्थित है

(a) कायलाना झील

(b) बालसमंद झील

(c) पुष्कर झील

(d) आनासागर झील

Answer :-c) पुष्कर झील

Q 5.) निम्न में से किस व्यक्ति ने दिलवाड़ा में आदिनाथ मन्दिर का निर्माण करवाया था

(a) विमलशाह

(b) तेजपाल

(c) वस्तुपाल

(d) शंकरपाल

Answer :-a) विमलशाह

Q 6.) मोरझरी गाँव पृथ्वीराज द्वितीय ने किस मन्दिर के लिए दान में दिया था

(a) पार्श्वनाथ मन्दिर

(b) ब्रह्माजी मन्दिर

(c) कृष्ण मन्दिर

(d) महावीर स्वामी मन्दिर

Answer :-a) पार्श्वनाथ मन्दिर

Q 7.) नाथ सम्प्रदाय का प्रमुख तीर्थ स्थल महामंदिर कहाँ स्थित है

(a) पाली

(b) जोधपुर

(c) नागौर

(d) बीकानेर

Answerv :-b) जोधपुर

Q 8.) तिजारा जैन मंदिर किस जिले में स्थित है

(a) अजमेर

(b) अलवर

(c) चुरू

(d) जयपुर

Answer :-b) अलवर

Q 9.) जैन मंदिरों के लिए प्रसिद्ध स्थान नारलाई जिस जिले में स्थित है, वह है

(a) उदयपुर

(b) जोधपुर

(c) पाली

(d) जालौर

Answer :-c)पाली

Q 10.) महिष मर्दिनी की प्रतिमा किस मंदिर में है

(a) महामंदिर

(b) सचिया माता मंदिर

(c) घनोप माता का मंदिर

(d) सावित्री मंदिर

Answer :-b) सचिया माता मंदिर

Q 11.) सास-बहू का मन्दिर स्थित है

(a) अरथूना में

(b) नागदा में

(c) सोमनाथ में

(d) आहड़ में

Answer :-b) नागदा में

Q 12.) सचिया माता का मंदिर कहाँ स्थित है

(a) ओसियां

(b) बिलाड़ा

(c) तिजारा

(d) आसींद

Answer :-a) ओसियां

Q 13.) हर्षत माता का मंदिर कहाँ स्थित है

(a) आभानेरी (दौसा)

(b) ओसियां (जोधपुर)

(c) नारलाई (पाली)

(d) आसोतरा (बाड़मेर)

Answer :-a) आभानेरी (दौसा)

Q 14.) सम्बोधि धाम कहाँ स्थित है

(a) उदयपुर

(b) जोधपुर

(c) कोटा

(d) जयपुर

Answer :-b) जोधपुर

Q 15.) कालिंजरा गाँव किस जिले में स्थित है

(a) बांसवाड़ा

(b) डूँगरपुर

(c) कोटा

(d) उदयपुर

Answer :-a) बांसवाड़ा

Q 16.) चारभुजा नाथ मंदिर किस जिले में स्थित है

(a) करौली

(b) भीलवाड़ा

(c) उदयपुर

(d) राजसमंद

Answer :-d) राजसमंद

Q 17.) चाँदखेड़ी के जैन मंदिर किस जिले में स्थित है

(a) बाँसवाड़ा

(b) झालावाड़

(c) डूँगरपुर

(d) कोटा

Answer :-b) झालावाड़

Q 18.) श्री नाकोड़ा जैन तीर्थ का अन्य नाम क्या है

(a) भैरू तीर्थ

(b) जैन नगर

(c) मेवानगर

(d) पवित्र नगर

Answer :-c) मेवानगर

Q 19.) पुष्कर (अजमेर) स्थित मंदिर है

(a) ब्रह्मा मंदिर

(b) सावित्री मंदिर

(c) गायत्री मंदिर

(d) उपर्युक्त सभी

Answer :-d) उपर्युक्त सभी

Q 20.) मथुराधीश मंदिर कहाँ स्थित है

(a) कोटा में

(b) भरतपुर में

(c) उदयपुर में

(d) बीकानेर में

Answer :- कोटा में

22

राजस्थान के प्रमुख हस्तकला

Q 1.) लकड़ी का नक्काशीदार फर्नीचर कहां का प्रसिद्ध है

  a)बाड़मेर

b) बीकानेर

c) जालौर

d) नागोर

Answer :-a) बाड़मेर

Q 2.) लकड़ी पर नक्काशी के लिए प्रसिद्ध उड़खा गांव किस जिले में स्थित है

  a) बांरा

b) चूरू

c) सीकर

d) बाड़मेर

Answer :-d) बाड़मेर

Q 3.) नौरंगी जूतियां प्रसिद्ध है

  a) जोधपुर

b) जयपुर

c) उदयपुर

d)सिरोही

Answer :-b) जयपुर

Q 4.) श्री अय्याज मोहम्मद किस कला के प्रसिद्ध कलाकार है

  a)लाख की कला के

b) कांच की

c) प्लास्टिक की

d) पिलत की a

Answer :-a)लाख की कला के

Q 5.) नमदों के केवल दो ही उत्पादन केंद्र भारत में है एक कश्मीर में श्रीनगर तथा दूसरा

a)टोंक

b)बूँदी

c) डूंगरपुर

d) कोटा a

Answer :-a)टोंक

Q 6.) टोंक की आधुनिक कलात्मक नमदा शैली को आरंभ करने का एकमात्र श्रेय है

a) नंदकुमार तिवारी

b) देवाराम तिवारी

c) कालूराम तिवारी

d) नाथू जी राजसोनी

Answer :-a)नंदकुमार तिवारी

Q 7.) थेवा कला के प्रथम थेवा शिल्पी थे

a) नाथू जी राजसोनी

b) नंदकुमार तिवारी

c) प्रकाश जोशी

d) नाथूराम

Answer :-a)नाथू जी राजसोनी

Q 8.) बीकानेर की विश्व प्रसिद्ध चमड़े पर चित्रांकन की उस्ताकला का आगमन कहां से हुआ

a) चीन

b) उत्तरी कोरिया

c) अमेरिका

d) ईरान से

Answer :-d) ईरान से

Q 9.) राजस्थान में मथेरण कला का प्रसिद्ध केंद्र है

a) बीकानेर

b) बाड़मेर

c) नागौर

d) जालौर

Answer :-a) बीकानेर

Q 10.) राजस्थान में तुड़िया तिलक हस्तशिल्प के लिए प्रसिद्ध जिला है

a) बारा

b) भीलवाड़ा

c) डूंगरपुर

d) सांगानेर

Answer :-d) सांगानेर

23

राजस्थान की विशेष वेशभूषा

Q 1.) राजस्थान का प्रथम मिशनरी केन्द्र कब स्थापित किया गया

   (a) 1825

(b) 1835

(c) 1860

(d) 1885

Answer :-c) 1860

Q 2.) असंगत युग्म को छांटिए —

   (a) सिर व मस्तक के आभूषण : रखड़ी, शीशफूल, फीणी, तावित

(b) बाजू व हाथ के आभूषण : मौखड़ी, पूँचिया, अणत, पट

(c) कमर का आभूषण : कर्धनी, तगड़ी, कणफती, कंदोरा

(d) कान के आभूषण : पोत, हाकर, पंचलड़ी, चंदनहार. D

Answer :-d)

Q 3.) देश हितैषणी सभा का गठन कब किया गया

   (a) 2 जुलाई, 1877

(b) 2 नवम्बर, 1880

(c) 12 जून, 1885

(d) 12 अक्टूबर, 1895

Answer :- c) 12 जून, 1885

Q 4.) नाक में पहना जाने वाला आभूषण है –

   (a) झेला

(b) चूनी

(c) सांकली

(d) फोलरी

Answer :-b) चूनी

Q 5.) सिर पर बाँधे जाने वाले आभूषणों को क्या कहते हैं

(a) सिर रत्न

(b) चूँड़ा रत्न

(c) अनोखा रत्न

(d) अनमोल रत्न

Answer :-b) चूँड़ा रत्न

Q 6.) राजस्थान में प्रथम मिशनरी केन्द्र कहाँ स्थापित किया गया

(a) अजमेर

(b) ब्यावर

(c) जयपुर

(d) नागौर

Answer :-b) ब्यावर

Q 7.) जमेला आभूषण कहाँ पहना जाता है

(a) नाक में

(b) कान में

(c) कमर में

(d) पैर में

Answer :-b) कान में

Q 8.) राजस्थान में 'सागड़ी निवारण अधिनियम' किस वर्ष पारित किया गया

(a) 1955 में

(b) 1968 में

(c) 1965 में

(d) 1961 में

Answer :-d) 1961 में

Q 9.) सिर पर पहना जाने वाला आभूषण है –

(a) बारी

(b) टीका

(c) अणत

(d) नवरत्न

Answer :-b) टीका

Q 10.) आदिवासी स्त्रियों द्वारा पहना जाने वाला वस्त्र है –

(a) लूगड़ा

(b) रेनसाई

(c) चूनड़

(d) उपर्युक्त सभी

Answer :-d) उपर्युक्त सभी

Q 11.) राजस्थान में सर्वप्रथम किस जिले में कन्या वध को गैर कानूनी घोषित किया गया

(a) बूँदी

(b) कोटा

(c) अलवर

(d) जयपुर b

Answer :-b) जयपुर

Q 12.) राजस्थान की संस्कृति में "मुगधणा" क्या है

(a) माताजी को मेहंदी चढाकर मेहमानों में बाँटना |

(b) वधू को मूँग और घी खिलाना |

(c) लाख की चूड़ियाँ जिसमें चाँदी की कड़ी पिरोई जाती है |

(d) भोजन पकाने के लिए लकडियां जो विनायक स्थापना के पश्चात लाई जाती है

Answer :-d) भोजन पकाने के लिए लकडियां जो विनायक स्थापना के पश्चात लाई जाती है

Q 13.) राजस्थानी संस्कृति में 'जांनोटण' क्या है

(a) वर-पक्ष की ओर से दिया जाने वाला भोज

(b) भूमि की माप

(c) एक प्रकार का लोक गीत

(d) एक कृषि कर

Answer :-a) वर-पक्ष की ओर से दिया जाने वाला भोज

Q 14.) भील जनजाति में 'कछावू' कौन पहनता है

(a) पुरुष

(b) महिलाएँ

(c) नवयुवक लड़का

(d) बालक

Answer :-b) महिलाएँ

Q 15.) भीलों में 'छेड़ा फाड़ना' क्या है

(a) त्योहार

(b) तलाक

(c) विवाह

(d) पुत्र-जन्म

Answer :- b) तलाक़

Q 16.) 'बल्लया' आभूषण कहाँ पहना जाता है

(a) सिर पर

(b) कान में

(c) नाक में

(d) हाथों में

Answer :-d) हाथों में

Q 17.) राजस्थानी संस्कृति में 'औलंदी' क्या है

(a) विवाह का एक प्रकार

(b) एक देशी खेल

(c) नववधु के साथ जाने वाली लड़की या स्त्री

(d) राजस्थानी लोक-गीत c

Answer :-c) नववधु के साथ जाने वाली लड़की या स्त्री

Q 18.) नवनिर्मित गृह के उद्घाटन की रस्म कहलाती है –

(a) मौसर

(b) बढार

(c) नांगल

(d) जामणा

Answer :-c) नांगल

Q 19.) लार्ड डलहौजी ने स्त्रियों को विधवा विवाह से मुक्ति प्रदान करने हेतु 'विधवा पुनर्विवाह अधिनियम' किस वर्ष बनाया

(a) 1850 में

(b) 1852 में

(c) 1856 में

(d) 1862 में

Answer :-c) 1856 में

Q 20.) आदिवासी स्त्रियों का वस्त्र है –

(a) जामसाई साड़ी

(b) नान्दणा

(c) कटकी

(d) उपर्युक्त सभी

Answer :-d) उपर्युक्त सभी

24

राजस्थान के दुर्ग

Q 1.) 18 वीं सदी में मराठो ने राजस्थान के किस हिस्से पर कब्जा कर लिया था

   a) अजमेर

b) ब्यावर

c) नसीराबाद

d) करौली

Answer :-a) अजमेर

   Q 2.) राजस्थान के किस राज्य के शासक को महारावल कहा जाता है

   a) बांसवाड़ा

b) झालावार

c) भीलवाड़ा

d) डूंगरपुर

Answer :-d) डूंगरपुर

   Q 3.) चौसा का युद्ध किनके बीच लड़ा गया

   a) शेरशाह सूरी हुमायूं

b) हुमायूं राणा सांगा

c) अकबर महाराणा प्रताप

d) बाबर महाराणा सांगा

Answer :-a) शेरशाह सूरी हुमायूं

   Q 4.) राजपूत राजाओं के समय कौन सा धर्म अधिक लोकप्रिय हुआ

   a) सिक्ख

b) इसाई

c) मुस्लिम

d) हिंदू

Answer :-d) हिंदू

Q 5.) बसंती नामक किले का निर्माण करवाया था

a)राणा सांगा

b) राणा कुंभा

c) राव जोधा

d) राव बिका

Answer :-b) राणा कुंभा

Q 6.) विश्व की सबसे बड़ी तोप जो पहियो पर रखी है का नाम है

a) जार तोप

b) जमजमा तोप

c) बोफोर्स तोप

d) जयबाण तोप

Answer :-d) जयबाण तोप

Q 7.) जैसलमेर का किला किस पत्थर से बना है वह है

a) पीला पत्थर

b) भूरा पत्थर

c) सेंड स्टोन पत्थर

d) लाल पत्थर

Answer :-c) सेंड स्टोन पत्थर

Q 8.) किस दुर्ग को सोनार दुर्ग कहा गया है

a) जोधपुर

b) जैसलमेर

c) जयपुर

d) बाड़मेर

Answer :-b) जैसलमेर

Q 9.) सिवाणा दुर्ग किस जिले में है

a) जोधपुर

b) बाड़मेर

c)जैसलमेर

d) चित्तौड़गढ़

Answer :-b) बाड़मेर

Q 10.) कुचामन दुर्ग किस जिले में स्थित है

a) नागौर

b) जालौर

c) बीकानेर

d) बाड़मेर

Answer :-a) नागौर

Q 11.) बाला किला में किस मुगल बादशाह ने एक रात गुजारी थी

a) अकबर

b) शाहजहां

c) जहांगीर

d) हुमायूं

Answer :-c) जहांगीर

Q 12.) दिल्ली के लाल किले का लाल पत्थर कहां से आया था

a) उदयपुर

b) धौलपुर

c) बांसवाड़ा

d) अजमेर

Answer :-b) धौलपुर

Q 13.) चील्ह का टोला किस दुर्ग को कहा जाता है

a) जयगढ़ दुर्ग

b) तारागढ़ दुर्ग

c) मेहरानगढ़ दुर्ग

d) आमेर गढ़ दुर्ग

Answer :-a) जयगढ़ दुर्ग

Q 14.) रणथंभोर के दुर्ग का पतन कब हुआ

a) 11 जुलाई 1301 ई

b) 15जुलाई 1313 ई

c) 11जून 1301 ई

d) 14 जून 1322 ई

Answer :-a) 11 जुलाई 1301 ई

Q 15.) कुंभलगढ़ दुर्ग की दीवार की लंबाई है

a) 45 किमी

b) 31 किमी

c) 36 किमी

d) 51 किमी

Answer :-c) 36 किमी

Q 16.) राजस्थान के किस किले के पास जैविक उद्यान स्थित है

a) तारागढ़

b) लोहागढ़

c) धान्वनगढ़

d) नाहरगढ़

Answer :-d) नाहरगढ़

Q 17.) अल्बर्ट हॉल कहां स्थित है

a) उदयपुर

b) जयपुर

c) झुंझुनू

d) सीकर

Answer :-b) जयपुर

Q 18.) उम्मेद भवन कहां स्थित है

a) जोधपुर

b) जैसलमेर

c) बाड़मेर

d) जयपुर

Answer :-a) जोधपुर

Q 19.) अढाई दिन का झोपड़ा कहां पर स्थित है

a) अलवर

b) अजमेर

c) ब्यावर

d) उदयपुर

Answer :-b) अजमेर

Q 20.) विजय स्तंभ पर किसकी मूर्ति बनी हुई है

a) शिव की

b) विष्णु की

c) ब्रह्मा की

d) राम की

Answer :-b) विष्णु की

25

राजस्थान के प्रमुख वाद्य यंत्र

1) मोहन वीणा का अविष्कार किसने किया है

(a) प. रविशंकर ने

(b) चतुर मलिक ने

(c) अल्लाउदीन ने

(d) मनमोहन भट्ट ने

Answer :- मनमोहन भट्ट ने

2) येहुदी मेनुहिन का सम्बन्ध किससे है

(a) सितार

(b) सरोद

(c) वायलिन

(d) पियानो

Answer :- वायलिन

3) अनुष्का रविशंकर किस वाद्ययंत्र से सम्बन्धित है

(a) सितार

(b) तबला

(c) सरोद

(d) गिटार

Answer :- सितार

4) पंडित किशन महाराज किस वाद्ययंत्र के प्रमुख वादक है

(a) तबला

(b) सरोद

(c) पखावज

(d) ढोलक

Answer :- तबला

5) कूदउ सिंह इनमे से किस वाद्ययंत्र से सम्बंधित है

(a) पखावज

(b) बांसुरी

(c) तबला

(d) सितार

Answer :- पखावज

6) बाल मुरली कृष्ण का सम्बन्ध किस वाद्य यंत्र से है

(a) वायलिन

(b) तबला

(c) सरोद

(d) बांसुरी

Answer :- वायलिन

7) वि.वि. सुब्रह्मण्यम कौनसा वाद्ययंत्र बजाते है

(a) पखावज

(b) सितार

(c) सितार

(d) वायलिन

Answer :- वायलिन

8) जाकिर हुसैन कौनसा वाद्ययंत्र बजाते है

(a) सरोद

(b) वीणा

(c) तबला

(d) बांसुरी

Answer :- तबला

9) लतीफ़ खां का सम्बन्ध किस वाद्ययंत्र से है

(a) वीणा

(b) तबला

(c) बांसुरी

(d) मृदगम

Answer :- तबला

10) पलाधार रघु का सम्बन्ध किस वाद्ययंत्र से है

(a) मृदगम

(b) बांसुरी

(c) तबला

(d) सरोद

Answer :- मृदंगम

11) केरल के राजा रवि वर्मा प्रसिद्द थे

(a) नृत्यक

(b) चित्रकार

(c) कवि

(d) गायक

Answer :- चित्रकार

12) इनमे से कौनसा संगीत वाद्य इंडो इस्लामिक उत्पत्ति का नही है

(a) सितार

(b) तबला

(c) सारंगी

(d) शहनाई

Answer :- सारंगी

13) इनमे से क्या एक संगीत के साज का नाम है

(a) बांसुरी

(b) ऑडियोफोन

(c) हेडफोन

(d) गेल्वेनोमीटर

Answer :- बांसुरी

14) इनमे से कौनसा एक वायु आधारित एक भारतीय संगीत वाद्य नही है

(a) ताउस

(b) स्वर मंडल

(c) संवादिनी

(d) रबाब

Answer :- संवादिनी

15) इनमे से मुहं से बजाया जाने वाला वाद्ययंत्र है

(a) नौबत

(b) ताशा

(c) इकतारा

(d) अलगोजा

Answer :- अलगोजा

16) अल्बर्ट आइन्स्टीन कौनसा वाद्ययंत्र बजने में निपुण थे

(a) सितार

(b) गिटार

(c) वायलिन

(d) बांसुरी

Answer :- वायलिन

17) झाल, वीणाई, दमामा, मुरयो है

(a) उत्तराखंड की नदियाँ

(b) लद्दाख की पहाड़ियां

(c) कुमायूं के वाद्य यंत्र

(d) गढ़वाल के मंदिर

Answer :- कुमायूं के वाद्य यंत्र

18) किस वाद्ययंत्र वादक को पद्म श्री से लेकर भारत रत्न तक के सभी राष्ट्रीय सम्मानों से अलंकृत किया जा चूका है

(a) प. रविशंकर

(b) शिवकुमार शर्मा

(c) बिस्मिल्ला खान

(d) हरिप्रसाद चौरसिया

Answer :- बिस्मिल्ला खान

19) येहुदी मेनुहिन का सम्बन्ध किससे है

(a) सितार

(b) सरोद

(c) वायलिन

(d) पियानो

Answer :- वायलिन

20) अनुष्का रविशंकर किस वाद्ययंत्र से सम्बन्धित है

(a) सितार

(b) तबला

(c) सरोद

(d) गिटार

Answer :- सितार

26

MOST IMPORTANT QUESTIONS 01

राजस्थान में मौसम विभाग की वेधशाला कहां स्थित है-

(अ) उदयपुर

(ब) जोधपुर

(स) जयपुर

(द) बीकानेर

सही उत्तर - (स)

राजस्थान के किस जिले में सर्वाधिक सीधी किरणें तथा सर्वाधिक तिरछी किरणें पड़ती है-

(अ) चूरू, श्रीगंगानगर

(ब) बांसवाड़ा, श्रीगंगानगर

(स) धौलपुर, हनुमानगढ़

(द) डूंगरपुर, बांसवाड़ा

सही उत्तर - (ब)

राजस्थान में दक्षिण पश्चिम मानसून के रूप में अरब सागरीय मानसून किस जिले में प्रवेश करता है-

(अ) डूंगरपुर

(ब) सिरोही

(स) बांसवाड़ा

(द) उदयपुर

सही उत्तर - (स)

राजस्थान मे औषत वर्षा कितने सेंटीमीटर तक होती है-

(अ)41.51

(ब)54.30

(स)69.63

(द)57.27

सही उत्तर - (द)

राजस्थान में न्यूनतम आर्द्रता वाला स्थान है-

(अ) माउंट आबू, सिरोही

(ब) सम, जैसलमेर

(स) फलोदी, जोधपुर

(द) बालोतरा, बाड़मेर

सही उत्तर - (स)

राजस्थान का बर्खोयांसक किसे कहते हैं-

(अ) डूंगरपुर

(ब) बांसवाड़ा

(स) उदयपुर

(द) सिरोही

सही उत्तर - (द)

सर्दियों में सर्वाधिक ठंडा, गर्मियों में सर्वाधिक गर्म तथा सर्वाधिक वार्षिक तापांतर वाला जिला कौन सा है-

(अ) चूरू

(ब) गंगानगर

(स) हनुमानगढ़

(द) बीकानेर

सही उत्तर - (अ)

राजस्थान में सर्वप्रथम मानसूनी वर्षा किस के कारण होती है-

(अ) हिंद महासागर से आने वाली मानसूनी पवनों के कारण

(ब) अरब सागर में मानसून के कारण

(स) बंगाल की खाड़ी के कारण

(द) प्रशांत महासागर के कारण

सही उत्तर - (ब)

राजस्थान में सर्वाधिक वर्षा किस मानसून से होती है-

(अ) अरब सागर से

(ब) हिंद महासागर से

(स) बंगाल की खाड़ी से

(द) अ, स दोनों से

सही उत्तर - (स)

राजस्थान में शीत ऋतु में होने वाली मावठ वर्षा कहां से उठने वाले पश्चिमी विक्षोभो के कारण होती है-

(अ) अरब सागर से

(ब) भूमध्य सागर से

(स) कैस्पियन सागर से

(द) प्रशांत महासागर से

सही उत्तर - (ब)

? PTET 2021 परीक्षा के लिए शिक्षण अभिरुचि (Teaching Aptitude) के Important प्रश्न पढ़ें ?

राजस्थान में गर्मियों में होने वाली वर्षा के लिए उतरदायी पवने है-

(अ) अरब सागर की

(ब) बंगाल की खाड़ी की

(स) हिंद महासागर की

(द) अ, ब दोनों की

सही उत्तर - (स)

कितने सेंटीमीटर वर्षा रेखा राजस्थान के पश्चिमी राजस्थान को दो बराबर भागों में बांटती है-

(अ)35सेमी.

(ब)25सेमी.

(स)20सेमी.

(द)50सेमी.

सही उत्तर - (द)

किस दिशा में राजस्थान में वर्षा की मात्रा में वृद्धि होती है-

(अ) दक्षिण-पश्चिम से उतर-पूर्व

(ब) दक्षिण-पूर्व से उतर-पश्चिम

(स) उतर-पश्चिम से दक्षिण-पूर्व

(द) दक्षिण से उतर

सही उत्तर - (स)

राजस्थान की सर्दियों की वर्षा मुख्यतः आती है-

(अ) दक्षिणी पश्चिमी हवाओं से

(ब) उतरी पश्चिमी हवाओं से

(स) उतरी पूर्वी हवाओं से

(द) सवहनिय धाराओं से

सही उत्तर - (स)

बड़ोपल गांव जिसके लिए प्राय: जाना जाता है वह है-

(अ) जिप्सम उत्पादन

(ब) भूगर्भीय जल का ऊपर आकर एकत्रित होना या सैम

(स) कपास उत्पादन

(द) पशु मेला

सही उत्तर - (ब)

सेम क्या है-

(अ) स्थानांतरित कृषि का प्रकार

(ब) रासायनिक उर्वरक

(स) जलमग्नता से उत्पन्न समस्या

(द) मृदा वर्ग

सही उत्तर - (स)

राजस्थान में बार बार होने वाले "सुख एवं अकाल" का प्रमुख कारण है-

(अ) वनों का अवक्रमण

(ब) जल का अविवेकपूर्ण उपयोग

(स) अनियमित वर्षा

(द) भूमि का कटाव

सही उत्तर - (स)

वार्षिक वर्षा की प्रतिशत मात्रा में अधिक उतार-चढ़ाव वाला जिला है-

(अ) बाड़मेर

(ब) जयपुर

(स) जैसलमेर

(द) बांसवाड़ा

सही उत्तर - (स)

जब पुष्कर की पहाड़ियों में भारी वर्षा होती है, तो बाढ़ कहां आती है-

(अ) अजमेर में

(ब) सवाई माधोपुर में

(स) बालोतरा में

(द) सोजत में

सही उत्तर - (स)

राजस्थान में कम वर्षा का कारण अरावली पर्वतमाला की कौन सी स्थिति के कारण है -

(अ) इसका मानसून के समानातारण होना

(ब) मानसून दिशा के विपरीत होना

(स) श्रृंखला में कटाव होना

(द) श्रृंखला का वनस्पति विहीन होना

सही उत्तर - (अ)

निम्न में से किस जिले में औसत वर्षा सबसे अधिक होती है-

(अ) सिरोही

(ब) उदयपुर

(स) कोटा

(द) झालावाड़

सही उत्तर - (द)

राजस्थान मे सर्वाधिक वर्षा वाला स्थान है-

(अ) उदयपुर

(ब) बांसवाड़ा

(स) माउंट आबू

(द) गंगानगर

सही उत्तर - (स)

?ये भी पढ़े : राजस्थान सामान्य ज्ञान के 900 One Liner प्रश्न

कौन सा जिला आर्द्र जलवायु प्रदेश के अंतर्गत नहीं आता-

(अ) भारतपुर

(ब) धौलपुर

(स) झालावाड़

(द) बूंदी

सही उत्तर - (स)

चावल उत्पादन के लिए आदर्श जलवायु दर्शाए हैं-

(अ)उष्ण एवं आर्द्र

(ब) शीत एवं आर्द्र

(स) उष्ण एवं शुष्क

(द) शीत एवं शुष्क

सही उत्तर - (अ)

राजस्थान में कम वर्षा का कारण है-

(अ) यह बहुत गर्म है

(ब) पानी की कमी के कारण हवाए सूखी रहती है

(स) हवाओं को ठंडा करने के लिए कोई अवरोध नहीं है

(द) मानसून इस क्षेत्र तक पहुंचने में असफल रहता है

सही उत्तर - (स)

राजस्थान में अरावली पर्वत श्रेणियां "मानसूनी वर्षण" करने में असफल रहती है, क्योंकि-

(अ) यह पर्याप्त नहीं है

(ब) मानसून उन तक नहीं पहुंच पाता है

(स) यह हवाओं की दिशा के समांतर है

(द) यह हरियाली से पूर्ण नहीं है

सही उत्तर - (स)

पेड़ों की अधिक कटाई से-

(अ) लोग विस्थापित हो जाते हैं

(ब) पर्यावरण संकट उत्पन्न हो जाता है

(स) प्रदूषण बढ़ता है

(द) रोजगार बढ़ता है

(i) "अ" सही है

(ii) केवल "ब" सही है

(iii) चारो सही है

(iv) अ, ब, स सही है

सही उत्तर - (द)

मानसून पावने ग्रीष्म ऋतु में बहती है-

(अ) पूर्व से पश्चिम

(ब) दक्षिण से पश्चिम

(स) समुंद्र से स्थल

(द) स्थल से समुंद्र

सही उत्तर - (स)

मानसून शब्द किस भाषा के शब्द से बना है-

(अ) फारसी

(ब) अरबी

(स) जर्मन

(द) अंग्रेजी

सही उत्तर - (ब)

राजस्थान में जून माह में न्यूनतम वायुदाब जिस जिले में संभावित है, वह है-

(अ) जैसलमेर

(ब) बूंदी

(स) बारा

(द) राजसमंद

सही उत्तर - (अ)

राजस्थान को कितने जलवायु प्रदेशों में विभाजित किया गया है-

(अ)4

(ब)6

(स)3

(द)5

सही उत्तर - (द)

वर्षा ऋतु में वायुमंडल में सर्वाधिक आद्रता विद्यमान रहती है-

(अ) मध्यान्ह के समय

(ब) सांय काल के समय

(स) मध्य रात्रि के समय

(द) प्रातः काल

सही उत्तर - (अ)

जैसलमेर जिले व उसके आसपास वर्षा जल ग्रहण की परंपरागत विधि कहलाती है-

(अ) सेजा

(ब) पलाया झीलें

(स) खंडीन

(द) इनमें से कोई नहीं

सही उत्तर - (स)

राजस्थान तापमान की दृष्टि से किस कटिबंध में आता है-

(अ) उपोषण कटिबंध

(ब) शीतोष्ण कटिबंध

(स) उष्ण कटिबंध

(द) शीत कटिबंध

सही उत्तर - (ब)

सूर्य किरणें कर्क रेखा पर सीधी कब पड़ती है-

(अ)22 दिसंबर

(ब)23 सितंबर

(स)12 जून

(द)21 जून

सही उत्तर - (द)

राजस्थान में गर्मियों में चलने वाली गर्म पवनें कहलाती है-

(अ)भभुल्या

(ब)आंधी

(स)लू

(द) इनमें से कोई नहीं

सही उत्तर - (स)

बांसवाड़ा व डूंगरपुर के मध्य के भू-भाग को किस नाम से जाना जाता है-

(अ) कांठल

(ब) भाखर

(स) गिरवा

(द) मेवल

सही उत्तर - (द)

राजस्थान का मानक समय किस देशांतर रेखा से निर्धारित किया जाता है-

(अ) 70 डिग्री पूर्वी देशांतर

(ब) 75 डिग्री पूर्वी देशांतर

(स) 82-1/2 डिग्री पूर्वी देशांतर

(द)82-1/2 डिग्री पश्चिमी देशांतर

सही उत्तर - (स)

हाड़ौती पठार पर पाई जाने वाली मृदा है-

(अ) कछारी

(ब) लाल

(स) भूरी

(द) काली

सही उत्तर - (द)

राज्य में मृदा अपरदन के लिए सर्वाधिक उतरदायी कारक है-

(अ) वायु

(ब) जल

(स) वनों का विनाश

(द) अत्यधिक संचाई

सही उत्तर - (अ)

राज्य में मरुस्थल के प्रसार को रोकने का उपाय है-

(अ) मरुभूमि के अनुकूल अधिक से अधिक वृक्षारोपण

(ब) सिंचाई के साधनों का विकास

(स) शुष्क कृषि को प्रोत्साहन वह चराई पर नियंत्रण

(द) उपयुक्त सभी

सही उत्तर - (द)

राजस्थान में सबसे अधिक क्षेत्र पर किस मिट्टी का विस्तार है-

(अ) काली दोमट

(ब) भूरी दोमट

(स) लाल दोमट

(द) भूरी रेतीली बलुई

सही उत्तर - (द)

प्रदेश का उपआर्द्र जलवायु क्षेत्र है-

(अ) अरावली पर्वतीय प्रदेश

(ब) लूनी बेसिन

(स) पूर्वी मैदानी प्रदेश

(द) दक्षिणी पूर्वी पठार

सही उत्तर - (अ)

राज्य में काली मिट्टी के विस्तार वाले जिले हैं-

(अ) कोटा,झालावाड़

(ब) बूंदी,बारां

(स) सवाई माधोपुर का कुछ भाग

(द) उपयुक्त सभी

सही उत्तर - (द)

राजस्थान की जलवायु दशाओं की अतिशयता के लिए उत्तरदायी कारण है-

(अ) वर्षा की अनियमितता व वनस्पति रहित आवरण

(ब) आंतरिक अवस्थिति व मिट्टियों की प्रकृति

(स) समुंदर तल से दूरी, धरातल की प्रकृति, नग्न चटान्ने

(द) उपयुक्त सभी

सही उत्तर - (स)

राजस्थान का लिंबाराम प्रसिद्ध है-

(अ) कबड्डी में

(ब) कुश्ती में

(स) तीरंदाजी में

(द) गायन में

सही उत्तर : स

जयपुर में रेल जोन खोला गया,कोनसा है -

(अ) उत्तर मध्य

(ब) उत्तर पश्चिम

(स) पश्चिम दक्षिण

(द) कोई नहीं

सही उत्तर : ब

राजस्थान में टंगस्टन कहां होता है?

(अ) चित्तौड़गढ़

(ब) अलवर

(स) टोंक

(द) नागौर

सही उत्तर : द

"उनालू" फसल का अर्थ है-

(अ) रवि

(ब) खरीफ

(स) जायद

(द) कोई नहीं

सही उत्तर : अ

"आठ बांस बतिस गज अंगुल अष्ट प्रमाण" विरोक्ती थी -

(अ) कवि जयानक की

(ब) करणी दान की

(स) चंदबरदाई की

(द) नरोत्तम स्वामी की

सही उत्तर : स

"पाथल और पिथल" काव्य रचनाकार है -

(अ) सीताराम लालस

(ब) कन्हैया लाल सेठिया

(स) दयाल दास चारण

(द) मणि मधुकर

सही उत्तर : ब

"रूपायन संस्थान" है-

(अ) रूप सज्जा केंद्र जयपुर में

(ब) कला साहित्य केंद्र जोधपुर जिला में

(स) बैर अनुसंधान केंद्र जोधपुर

(द) ऊनी वस्त्र केंद्र जैसलमेर

सही उत्तर : ब

पंचायत चुनाव को चुनौती दी जा सकती है-

(अ) न्यायालय में मुकदमा कर

(ब) सक्षम न्यायाधिकरण को चुनाव अर्जी द्वारा

(स) किसी भी न्यायालय में चुनाव याचिका द्वारा

(द) इनमें से कोई नहीं

सही उत्तर : ब

राजस्थान में पंचायती राज संस्थाओं में महिलाओं के लिए स्थान आरक्षित है-

(अ) 50%

(ब) 60%

(स) 30%

(द) 40%

सही उत्तर : अ

चित्रकला की किशनगढ़ शैली की " बनी ठनी" प्रिया थी-

(अ) नाहरदास की

(ब) नागरी दास की

(स) चतुरदास की

(द) जयदेव

सही उत्तर : ब

राजस्थान में कनक सागर किस नदी तट पर स्थित है-

(अ) बनास

(ब) लूणी

(स) मेजा

(द) ढूंढ

सही उत्तर : अ

जयपुर को कहा जाता है-

(अ) पूर्व का पेरिस

(ब) पश्चिम का स्विट्जरलैंड

(स) भारत का पेरिस

(द) लोहा दुर्ग

सही उत्तर : अ

एशिया की दूसरी सबसे बड़ी कृत्रिम झील है-

(अ) राजसमंद झील

(ब) नक्की झील

(स) जयसमन्द झील

(द) कायलाना झील

सही उत्तर : स

राजस्थान की प्राचीन प्राकृतिक झील है-

(अ) जयसमंद झील

(ब) रामगढ़ झील

(स) सिलीसेढ़ झील

(द) पुष्कर झील

सही उत्तर : द

"नौलखा" सागर किस जिले में स्थित है-

(अ) उदयपुर

(ब) बूंदी

(स) जयपुर

(द) जोधपुर

सही उत्तर : ब

राजस्थान की प्रसिद्ध कृष्ण भगत कवियित्री कौन थी-

(अ) सहजोबाई

(ब) मीराबाई

(स) रामा बाई

(द) डाली बाई

सही उत्तर : ब

राजस्थान के एकीकरण का प्रमुख श्रेयधारी है-

(अ) पंडित नेहरू

(ब) हीरालाल शास्त्री

(स) सरदार पटेल

(द) माउंटबेटन

सही उत्तर : स

हिमायू को राखी भेजी थी रानी-

(अ) हाडा ने

(ब) कर्मावती ने

(स) पद्मिनी ने

(द) उर्मिला ने

सही उत्तर : ब

भूदान आंदोलन चलाया था-

(अ) डॉ. अंबेडकर ने

(ब) भोगीलाल पंड्या ने

(स) विनोबा भावे ने

(द) महात्मा गांधी ने

सही उत्तर : स

अखिल भारतीय कांग्रेस की स्थापना की थी-

(अ) गंगाधर तिलक ने

(ब) सुरेंद्रनाथ बनर्जी ने

(स) ए ओ ह्यूम ने

(द) व्योमेश चंद्र ने

सही उत्तर : स

पानीपत का पहला युद्ध हुआ था-

(अ) 1526 में

(ब) 1527 में

(स) 1726 में

(द) 1676 में

सही उत्तर : अ

विजय स्तंभ बनवाया था-

(अ) महाराणा कुंभा ने

(ब) महाराणा प्रताप ने

(स) महाराणा सांगा ने

(द) जयमल पत्ता ने

सही उत्तर : अ

संविधान में सुप्रीम कमांडर कहां गया है-

(अ) प्रधानमंत्री

(ब) रक्षा मंत्री

(स) राष्ट्रपति

(द) फील्ड मार्शल

सही उत्तर : स

गांधी जी ने असहयोग आंदोलन चलाया था-

(अ) 1920 में

(ब) 1921 में

(स) 1930 में

(द) 1919 में

सही उत्तर : अ

इंकलाब जिंदाबाद का नारा दिया गया था-

(अ) आजाद

(ब) भगत सिंह

(स) सुभाष चंद्र बोस

(द) मोहम्मद इकबाल

सही उत्तर : ब

वंदे मातरम किसने लिखा है?

(अ) रविंद्र नाथ टैगोर

(ब) विवेकानंद

(स) बकिम चंद्र चटर्जी

(द) एनी बेसेंट

सही उत्तर : स

जयपुर नगर की स्थापना की गई-

(अ) 28 नवंबर 1727

(ब) 18 दिसंबर 1727

(स) 18 नवंबर 1727

(द) 18 नवंबर 1729

सही उत्तर : स

गागरोंन का किला किस के पास स्थित है?

(अ) कोटा

(ब) बूंदी

(स) चित्तौड़

(द) झालावाड़

सही उत्तर : द

राजस्थान की सबसे बड़ी मीठे पानी की रजवाड़ा के समीप बने कृत्रिम झील है-

(अ) रिडमलसर

(ब) सरिस्का

(स) रामगढ़

(द) जयसमंद

सही उत्तर : द

"रामसर कन्वेंशन द्वारा राजस्थान" में वेटलैंड घोषित हुए हैं-

(अ) केवलादेव घना

(ब) सांभर झील

(स) उपयुक्त दोनों

(द) तीनों ही नहीं

सही उत्तर : स

राजस्थान में तांबा मिलता है-

(अ) जावर

(ब) खेतड़ी

(स) नाथरा की पाल

(द) कोई नहीं

सही उत्तर : ब

कृषि से राजस्थान में कितने प्रतिशत आए होती है?

(अ) 11%

(ब) 40%

(स) 52%

(द) कोई नहीं

सही उत्तर : ब

विमल वसई का मंदिर कहां स्थित है?

(अ) आबू

(ब) पाली

(स) भीनमाल

(द) आहोर

सही उत्तर : अ

बालसमंद झील किस जिले में स्थित है?

(अ) बीकानेर

(ब) जोधपुर

(स) जयपुर

(द) उदयपुर

सही उत्तर : ब

"ढोला मारू रा दूहा" के रचयिता का नाम है-

(अ) कवि कल्लोल

(ब) मुंहनोत नैंसी

(स) बांकी दास

(द) शारंगधर

सही उत्तर : अ

राजस्थान में केंद्र की सहायता से भेड़ अनुसंधान केंद्र है-

(अ) फतेहपुर

(ब) सूरतगढ़

(स) अविकानगर (टोंक)

(द) जोधपुर

सही उत्तर : स

सिंगरौली परियोजना है -

(अ) तापीय विद्युत

(ब) जल विद्युत

(स) आणविक विद्युत

(द) कोई नहीं

सही उत्तर : अ

17 जुलाई 1734 को हुरडा सम्मेलन बुलाने के लिए उत्तरदायी कारक था-

(अ) पिंडारी आक्रमण

(ब) मराठा आक्रमण

(स) सामाजिक सुधार

(द) मुस्लिम आक्रमण

सही उत्तर : ब

राजस्थान में सर्वप्रथम गैस का भंडार मिला-

(अ) माही मेहराव

(ब) सादेवाला

(स) घोटारू

(द) कमली ताल

सही उत्तर : द

तारागढ़ का किला किस शासक ने बनवाया-

(अ) विग्रहराज चतुर्थ

(ब) अर्णोराज

(स) अजय राज

(द) अकबर

सही उत्तर : स

संविधान की व्याख्या का अंतिम अधिकार है

(अ) लोकसभा अध्यक्ष को

(ब) राष्ट्रपति को

(स) ऑटोनी जनरल को

(द) उच्चतम न्यायालय को

सही उत्तर : द

महाराणा प्रताप पुरस्कार संबंधित है-
(अ) खेलकूद से
(ब) साहित्य से
(स) पत्रकारिता से
(द) विज्ञान से
सही उत्तर : अ

ब्लू पॉटरी के लिए पदमश्री मिला-
(अ) कृपाल सिंह रावत को
(ब) कृपाल सिंह शेखावत को
(स) किशन लाल पटवा को
(द) कृपाल सिंह कुमावत को
सही उत्तर : ब

नदी जिस पर मेजा बांध बना है-
(अ) कोठारी
(ब) खारी
(स) माही
(द) बन्ना
सही उत्तर : अ

ऊंट के चमड़े से बीकानेर में बना जल पात्र है-
(अ) कांवड़
(ब) कोपी
(स) बादला
(द) उष्ट्र पात्र
सही उत्तर : ब

अरावली पर्वत श्रंखला का अधिकांश भाग है-
(अ) जैसलमेर में
(ब) भीलवाड़ा में
(स) उदयपुर में
(द) सिरोही में
सही उत्तर : स

राज्य सभा को भंग करने का अधिकार है-
(अ) राष्ट्रपति को
(ब) उपराष्ट्रपति को
(स) उच्चतम न्यायालय के

(द) उपरोक्त में से कोई नहीं

सही उत्तर : द

इंदिरा गांधी नहर के योजनाकार थे-

(अ) कंवर सेन

(ब) एम वी माथुर

(स) सीताराम

(द) प्रमोद करण

सही उत्तर : अ

सिख समुदाय के अंतिम गुरु थे-

(अ) गुरु अर्जन देव

(ब) गुरु गोविंद

(स) गुरु तेग बहादुर

(द) इनमें से कोई नहीं

सही उत्तर : ब

डूंगरपुर, बांसवाड़ा का प्राचीन नाम है-

(अ) हाडोती

(ब) मेवाड़

(स) बागड़

(द) कथान

सही उत्तर : स

भारत का अंतिम वायसराय कौन था?

(A) लॉर्ड लिनलिंथगो

(B) लॉर्ड माउंटबेटन

(C) लार्ड वेवेल

(D) क्लिमेंट एटली

सही उत्तर : B

कुमार शर्मा का संबंध किस राज्य से है?

(A) संतूर

(B) मेडोलियान

(C) गिटार

(D) बांसुरी

सही उत्तर :A

काली मिट्टी मुख्यतः किस फसल के साथ संबंधित हैं?

(A) कपास

(B) ईख

(C) चाय

(D) कॉफी

सही उत्तर : A

पुस्तक मधुशाला के रचयिता थे-

(A) सुमित्रानंदन पंत

(B) हरिवंश राय बच्चन

(C) भीष्म साहनी

(D) जयशंकर प्रसाद

सही उत्तर : B

भारत में नालंदा विश्वविद्यालय किस राज्य में स्थित हैh

(A) बंगाल

(B) बिहार

(C) उड़ीसा

(D) उत्तर प्रदेश

सही उत्तर : B

निम्नलिखित में से कौन 1857 के गदर से संबंधित नहीं है-

(A) नाना साहिब

(B) मंगल पांडे

(C) चंद्रशेखर आजाद

(D) रानी लक्ष्मीबाई

सही उत्तर : C

नए भारत का पैगंबर किसे कहा जाता है?

(A) दयानंद सरस्वती

(B) श्री रामकृष्ण

(C) राजा राममोहन राय

(D) स्वामी विवेकानंद

सही उत्तर : C

भारत का पहला भारतीय गवर्नर जनरल था?

(A) बीआर अंबेडकर

(B) सी राजगोपालाचारी

(C) डॉ राजेंद्र प्रसाद

(D) डॉ एस राधाकृष्णन

सही उत्तर : B

भारतीय राष्ट्रीय कांग्रेस की पहली महिला अध्यक्ष कौन थीm

(A) कमलादेवी चट्टोपाध्याय

(B) सरोजिनी नायडू

(C) एनी बेसेंट

(D) राजकुमारी अमृत कौर

सही उत्तर : C

निम्नलिखित में से कौन सा सबसे पहले पंचायती राज प्रणाली लागू की गई ?

(A) राजस्थान

(B) बिहार

(C) महाराष्ट्र

(D) उत्तर प्रदेश

सही उत्तर : A

भारतीय सांख्यिकी संस्थान कहां स्थित है?

(A) कोलकाता

(B) चेन्नई

(C) नई दिल्ली

(D) मुंबई

सही उत्तर : A

ब्लीचिंग पाउडर का रासायनिक नाम है -

(A) कैल्शियम क्लोरेट

(B) कैलशियम हाइपोक्लोराइट

(C) कैल्शियम क्लोरो हाइपोक्लोराइट

(D) कैल्शियम बाई क्लोराइड

सही उत्तर : B

निम्नलिखित में से कौन सा रेशेदार प्रोटीन है?

(A) हिमोग्लोबिन

(B) एल्बुमिन

(C) किरेटिन

(D) एंजाइम

सही उत्तर : C

कोशिका के अंदर सूचना का प्रवाह किसके द्वारा होता है?

(A) माइट्रोकांड्रिया

(B) डीएनए के द्वारा

(C) RNA के द्वारा

(D) इनमें से कोई नहीं

सही उत्तर : C

नेत्रदान में निम्नलिखित में से दाता की आंख का कौन सा अवयव उपयोग में आता है?

(A) पुतली

(B) नेत्र पटेल

(C) आंख का पर्दा

(D) दृष्टि पटल

सही उत्तर : B

मानव शरीर का कौन सा अंग टाइफाइड से मुख्य रूप से प्रभावित होता है?

(A) अमाशय

(B) गुर्दे

(C) फेफड़े

(D) आंते

सही उत्तर : D

आयोडीन परीक्षण किस का पता लगाने के लिए प्रयुक्त किया जाता है?

(A) कोलेस्ट्रॉल

(B) कार्बोहाइड्रेट

(C) प्रोटीन

(D) वसा

सही उत्तर : B

ब्रायोंस्टेटिंस और डोलोस्टेटिंस जैसे अपूर्व ट्यूमर ओदी एजेंटों का पता लगाने में कौन सा स्त्रोत विशेष रूप से फलदायक रहा है?

(A) समुद्री स्त्रोत

(B) पशु

(C) विष और टॉक्सिन

(D) संयोजी रसायन विज्ञान

सही उत्तर : A

सोडियम थायो सल्फेट का फोटोग्राफी में प्रयोग किया जाता है-

(A) चित्र को काला करने में

(B) चित्र को सफेद करने में

(C) सिल्वर ब्रोमाइड को कॉल कर पृथक करने में

(D) चित्र को धबा रहित बनाने में

सही उत्तर : D

यह कार बैटरी में प्रयुक्त विद्युत अपघटन होता है-

(A) हाइड्रोक्लोरिक अमल

(B) सल्फ्यूरिक अमल

(C) नाइट्रिक अम्ल

(D) नाइट्रस अम्ल

सही उत्तर : B

पेट अथवा शरीर के अन्य आंतरिक अंगों के अन्वेषण के लिए प्रयुक्त तकनीक एंडोस्कोपी आधारित है-

(A) पूर्ण आंतरिक परावर्तन की परी कटना पर

(B) व्यतिकरण की अप्रिय घटना पर

(C) विवर्तन की परिघटना पर

(D) ध्रुवण की परिघटना पर

सही उत्तर : A

प्रकाशिक तंतु में किस सिद्धांत का उपयोग किया जाता है?

(A) प्रकाश प्रकीर्णन का

(B) कर्मिक अपवर्तन

(C) व्यतिकरण

(D) पूर्ण आंतरिक परावर्तन

सही उत्तर : B

साल्वे प्रक्रम द्वारा औद्योगिक निर्माण किया जाता है-

(A) अमोनिया

(B) क्लोरीन

(C) सोडियम कार्बोनेट

(D) सल्फ्यूरिक अमल

सही उत्तर : C

पीतल निम्नलिखित में से किन की मिश्र धातु है?

(A) तंबा टीन

(B) तांबा जिंक

(C) जिंक टिन

(D) तंबा एलुमिनियम

सही उत्तर : B

फ्यूज तार बना होता है-

(A) प्लेटिनम एवं तांबे की मिश्रित धातु का

(B) एलुमिनियम का

(C) तांबे का

(D) टिन एवं सीसे की मिश्रित धातु का

सही उत्तर :D

इंदिरा गांधी शांति पुरस्कार 2019 के लिए किसे चुना गया है?

(A) हमिद कर्जई

(B) शेख हसीना

(C) मोहम्मद अलबरदेई

(D) डेविड एटनबरो

सही उत्तर : D

सी भारतीय कंपनी पूंजीकरण के लिहाज से दुनिया की छठी सबसे बड़ी तेल कंपनी बनी है-

(A) अडानी इंफ्रा

(B) भारत पैट्रोलियम

(C) रिलायंस इंडस्ट्रीज

(D) इंडियन ऑयल

सही उत्तर : C

हाल ही में सिंगल यूज प्लास्टिक उत्पादों पर प्रतिबंध लगाने का फैसला किस राज्य सरकार ने किया है-

(A) पंजाब सरकार

(B) राजस्थान सरकार

(C) बिहार सरकार

(D) केरल सरकार

सही उत्तर : D

विश्व मत्स्य दिवस किस दिन मनाया जाता है?

(A) 20 नवंबर

(B) 21 नवंबर

(C) 15 सितंबर

(D) 18 अगस्त

सही उत्तर : B

हाल ही में में से किस भारतीय खिलाड़ी ने 100वा अंतरराष्ट्रीय t20 मैच खेलने का रिकॉर्ड बनाया है?

(A) शिखर धवन

(B) रोहित शर्मा

(C) विराट कोहली

(D) एमएस धोनी

सही उत्तर : B

अल्जाइमर रोग के निदान हेतु हाल ही में किस देश ने जीवी- 971 घरेलू दवा विकसित की है?

(A) पाकिस्तान

(B) बांग्लादेश

(C) नेपाल

(D) चीन

सही उत्तर : D

प्रसिद्ध गणितज्ञ वशिष्ठ हाल ही में निधन हो गया, उनका संबंध किस राज्य से था?

(A) उत्तर प्रदेश

(B) बिहार

(C) राजस्थान

(D) मध्य प्रदेश

सही उत्तर : B

किस देश के राष्ट्रपति को गणतंत्र दिवस 2020 का मुख्य अतिथि बनाया गया -

(A) यूक्रेन

(B) ब्राजील

(C) स्विजरलैंड

(D) रूस

सही उत्तर : B

विश्व मधुमेह दिवस कब मनाया जाता है?

(A) 10 नवंबर

(B) 14 नंबर

(C) 15 नवंबर

(D) 18 नवंबर

सही उत्तर : B

गांधी जयंती के अवसर पर किस राज्य ने तंबाकू और पान मसाला पर पूरी तरह प्रतिबंध लगाने की घोषणा की है-

(A) ओडिशा

(B) हरियाणा

(C) राजस्थान

(D) तेलंगाना

सही उत्तर : C

27

Rajasthan GK One Line Questions

1. प्रसिद्ध 84 खंभों की छतरी कहां स्थित है-

उत्तर: बूंदी में

2. मूसी महारानी की छतरी कहां है-

उत्तर: अलवर में

3. बीपी चित्रों की दृष्टि से राजस्थान का संपन्नतम क्षेत्र कौन सा है-

उत्तर: कोटा बूंदी

4. हवामहल का निर्माण का निर्माण करवाया गया-

उत्तर: सवाई प्रताप सिंह

5. पटवों की हवेली स्थित है-

उत्तर: जैसलमेर

6. जोधपुर में प्राचीन राजाओं की छतरियां एवं उद्यान के लिए प्रसिद्ध स्थान का नाम है-

उत्तर: मंडोर

7. राजस्थानी स्थापत्य कला का जनक किसे माना जाता है-

उत्तर: महाराणा कुंभा

8. भित्ति चित्रण की दृष्टि से कहां की हवेलियां प्रसिद्ध है-

उत्तर: शेखावटी

9. सुवर्ण गिरी किस जिले को कहते हैं-

उत्तर: जालोर के किले को

10. पटवों की हवेली स्थित है-

उत्तर: जैसलमेर

11. राजस्थान नाटक अकादमी कहां स्थित है-

उत्तर: जोधपुर

12. किस क्षेत्र की रम्मते अधिक प्रसिद्ध है-

उत्तर: बीकानेर

13. जानकीलाल भांड ने किस लोक नृत्य कला को विश्व स्तर पर पहचान दिलाई-

उत्तर: स्वांग

14. प्रसिद्ध नाटक दरिंदे के रचयिता हैं-

उत्तर: हमीदुल्लाह

15. गरासिया जनजाति का प्रमुख नृत्य कौन सा है?

उत्तर: वालर नृत्य

16. चारबैत जो राजस्थान की प्रचलित लोक गायन शैली है कहां की प्रसिद्ध है-

उत्तर: टोंक

17. चेतावनी रा चंगूठियां नामक रचना किस क्रांतिकारी द्वारा रचित की गई -

उत्तर: केसरी सिंह बारहठ

18. शुदी आंदोलन को निम्नलिखित संगठनों में से किस का समर्थन प्राप्त था-

उत्तर: आर्य समाज

19. राजपूताना मध्य भारत सभा का प्रथम अधिवेशन 1919 में कहां हुआ था-

उत्तर: दिल्ली में

20. बैरकपुर छावनी के प्रमुख क्रांतिकारी कौन थे-

उत्तर: मंगल पांडे

21. अलाउद्दीन ने रणथंबोर पर आक्रमण किया क्योंकि-

उत्तर: सुल्तान के विद्रोहियों को शरण दी

22. अपना सिर काट कर देने वाली हाडा रानी का नाम क्या था?

उत्तर: सलह कुंवर

23. बंदायूनी ने किस युद्ध को गोगुंदा का युद्ध की संज्ञा दी है?

उत्तर: हल्दीघाटी का युद्ध

24. कभी बांधों की उपाधि किस चौहान शासक को प्राप्त थी?

उत्तर: विग्रहराज चतुर्थ

25. पृथ्वीराज चौहान की पदवी थी-

उत्तर: दलपुंगल

26. मुंहनोत नैंनसी ने गुर्जर प्रतिहार ओं की कितनी शाखाओं का वर्णन किया है?

उत्तर: 26

27. आभानेरी तथा राजोरगढ़ के कलात्मक वेभव किस काल के है?

उत्तर: गुर्जर- प्रतिहार

28. राजस्थान में बौद्ध संस्कृति के अवशेष कहां मिले-

उत्तर: बैराठ

29. हड़प्पा संस्कृति में से किस काल से संबंधित मानी जाती है-

उत्तर: कांस्य युगीन

30. ऊंट महोत्सव कहां मनाया जाता है-

उत्तर: बीकानेर

31. मुख्यमंत्री जल स्वावलंबन अभियान कब शुरू किया गया-

उत्तर: जनवरी 2016

32. राज्य की 12वीं पंचवर्षीय योजना के दौरान राज्य की विकास दर दर्ज की गई है-
उत्तर: 7.70%

33. किस राज्य के राज्यपाल ने तीन राजधानी वाली योजना को मंजूरी दी है-

उत्तर: आंध्र प्रदेश

34. राजस्थान में सर्वप्रथम सीमेंट फैक्ट्री की स्थापना हुई-

उत्तर: लाखेरी में

35. सहकारी शीत भंडार वाले 2 जिले कौन से हैं-

उत्तर: जयपुर अलवर

36. हाथी दांत की चूड़ियां कहां की प्रसिद्ध है-

उत्तर: जोधपुर

37. बीसलदेव रासो की मुख्य महिला पात्र कौन सी है-

उत्तर: राजमती

38. बूंदी के प्रसिद्ध साहित्यकार सूर्यमल मिश्रा ने किस ग्रंथ की रचना की?

उत्तर: वंश भास्कर

39. किस राजपूत शासक द्वारा 'नेह तरंग' रचित है ?

उत्तर: रावबुद्ध सिंह

40. स्वामी दयानंद सरस्वती के सुप्रसिद्ध ग्रंथ सत्यार्थ प्रकाश का प्रकाशन कहां हुआ?

उत्तर: अजमेर

41. राजिये रा सोरठा , वेलि किसन रूक्मणि री, ढोला मारवन,मूमल आदि लोकप्रिय काव्य किस भाषा में रचित है -

उत्तर: मारवाड़ी

42. राजस्थान की भाषा के लिए राजस्थानी शब्द सर्वप्रथम किसने प्रयुक्त किया-

उत्तर: जॉर्ज अब्राहम ग्रियर्सन

43. प्रत्यक्ष जीवन शास्त्र के लेखक हैं-

उत्तर: हीरालाल शास्त्री

44. राजस्थानी भाषा साहित्य एवं संस्कृति अकादमी स्थित है-

उत्तर: बीकानेर

45. राजस्थान में मरु त्रिकोण संबंधित है-

उत्तर: पर्यटन विकास से

46. राजस्थान का प्रथम हेरिटेज होटल है

उत्तर: अजीत भवन- जोधपुर

47. सिंधु घाटी सभ्यता का अधिकांश ईलाका कहां स्थित है?

उत्तर: पाकिस्तान व भारत में

48. धान की खेती के प्रमाण या चिन्हें कहां से प्राप्त हुए हैं?

उत्तर: लोथल एवं रंगपुर

49. ऋग्वेद में वर्णित धर्म का आधार था-

उत्तर: प्रकृति पूजा

50. प्रसिद्ध गायत्री मंत्र किस ग्रंथ में है?

उत्तर: ऋग्वेद

51. सर्वप्रथम सहायक संधि किस शासक के साथ संपन्न की गई-

उत्तर: हैदराबाद का निजाम

52. 1857 के विद्रोह द्वारा हुआ सबसे महत्वपूर्ण परिवर्तन था-

उत्तर: ईस्ट इंडिया कंपनी के शासन का अंत

53. किसे धोंधू पंत के नाम से भी जाना जाता था-

उत्तर: नाना साहब

54. संविधान उद्देशिका में कितनी बार संशोधन किया जा चुका है?

उत्तर: एक बार

55. संविधान का मूलभूत ढांचा उलिखित है-

उत्तर: उद्देशिका में उलेखित उद्देश्यों में

56. लोकसभा की संरचना के प्रावधान किस अनुच्छेद में वर्णित है-

उत्तर: अनु.75 (1)

57. राजस्थान उच्च न्यायालय में न्यायाधीशों की अधिकतम संख्या है-

उत्तर: 40

58. सर्वोच्च न्यायालय की प्रथम न्यायधीश बनी-

उत्तर: जस्टिस फातिमा बीबी

59. राज्यपाल की नियुक्ति संविधान के किस अनुच्छेद के तहत की जाती है?

उत्तर: अनुच्छेद 155

60. विधानसभा अध्यक्ष के निर्वाचन में भाग नहीं लेते हैं-

उत्तर: विधानसभा के सभी सदस्य

61. राज्य मंत्रिमंडल किसके प्रति उत्तरदायी होता है-

उत्तर: राज्य विधान सभा

62. मंत्रिमंडल सचिवालय का प्रशासनिक प्रमुख कौन होता है?

उत्तर: मुख्य सचिव

63. पंचायती राज व्यवस्था है-

उत्तर: ग्रामीण स्थानीय स्वशासन की

64. बलवंत राय मेहता समिति थी-

उत्तर: लोकतांत्रिक विकेंद्रीकरण पर

65. संविधान के किस संशोधन द्वारा पंचायती राज व्यवस्था को शक्तियां प्रदान की गई है-

उत्तर: 73वा संशोधन

66. जिले में पंचायती राज की शीर्ष संस्था है-

उत्तर: जिला परिषद

67. राज्य की वह प्रथम सिंचाई परियोजना जिसमें केवल फव्वारा सिंचाई पद्धति से ही सिंचाई करने का सावधान है-

उत्तर: नर्मदा नहर परियोजना

68. राजस्थानी वालरा कृषि का एक प्रकार है-

उत्तर: स्थानांतरित कृषि

69. राष्ट्रीय सरसों अनुसंधान केंद्र स्थित है-

उत्तर: सेवर

70. राजस्थान में किस भौतिक क्षेत्र में मुकंदरा की पहाड़ियां स्थित है?

उत्तर: हाडोती पठार

71. किस स्थान पर दादू जी का स्मारक है-

उत्तर: नारायना(जयपुर)

72. बिश्नोई संप्रदाय का धर्म ग्रंथ है-

उत्तर: जम्बसागर

73. मत्स्य संघ की राजधानी कहां थी-

उत्तर: भरतपुर

74. पुष्कर मेला भरता है-

उत्तर: कार्तिक पूर्णमासी को

75. राजस्थान के किस चरण का उद्घाटन जवाहरलाल नेहरू ने किया-

उत्तर: चतुर्थ

76. आधुनिक राजस्थान का निर्माण कब हुआ-

उत्तर: 1नवंबर 1956

77. राजस्थान के एकीकरण में सर्वाधिक योगदान किस व्यक्ति का रहा है-

उत्तर: सरदार पटेल

78. चारण शैली दूसरे किस नाम से जानी जाती है-

उत्तर: डिंगल

79. ढेबर झील का निर्माण किस शासक ने करवाया-

उत्तर: महाराणा जय सिंह

80. गुरु नानक का जन्म कहां पर हुआ था-

उत्तर: तलवंडी

81. नौजवान सभा के संस्थापक कौन थे?

उत्तर: भगत सिंह

82.1919 ई. में ' राजस्थान सेवा संघ' स्थापना कहां हुई?

उत्तर: वर्धा में

83. कौन सी भाषा है, आठवीं अनुसूची में स्थान नहीं मिल पाया है-

उत्तर: राजस्थानी

84. आमेर में शिला देवी का मंदिर बनवाया गया था-

उत्तर: मानसिंह द्वारा

85. राज्य में गन्ने का सबसे अधिक उत्पादन किस जिले में होता है-

उत्तर:बूंदी

86. तिलवाड़ा पशु मेला राजस्थान के किस जिले में लगता है-

उत्तर: बाड़मेर

87. माता कुंडालिनी का मेला लगता है-

उत्तर: राशमी गांव चित्तौड़गढ़ में

88. राजस्थान के क्षेत्रफल का कितने प्रतिशत क्षेत्रफल आंतरिक प्रवाह वाली नदियों का है-

उत्तर: 58%

89. आदिवासी संस्कृति में 'लोकायी' क्या है-

उत्तर: मृत्यु भोज

90 बसंत पंचमी मनाई जाती है-

उत्तर: माघ शुक्ला5

91.. मेमंद आभूषण पहना जाता है

उत्तर: सिर पर

92. राजस्थान का कुल रेगिस्तान कितने प्रतिशत भू भाग पर फैला हुआ है-

उत्तर: 61.11%

93. 1857 की क्रांति के समय कहां विद्रोह नहीं हुआ-

उत्तर: ब्यावर

94. बाड़मेर में तेल निकालने के काम में कौन सी कंपनी कार्यशील है?

उत्तर: केयर्न एनर्जी

95. जिला ग्रामीण विकास अभिकरण का अध्यक्ष कौन होता है?

उत्तर: जिला प्रमुख

96.वह है कौन सा जिला है, जहां जनजातियों का सबसे कम प्रतिशत पाया जाता है?

उत्तर: बीकानेर

97. आहड का प्राचीन नाम था-

उत्तर: ताम्रवती नगरी

98. तेरापंथी संप्रदाय किस धर्म से जुड़ा है?

उत्तर: जैन धर्म

99. पशु पक्षियों को किस चित्र शैली में विशेष स्थान मिला है?

उत्तर: बूंदी शैली

100. अक्षय पात्र फाउंडेशन किस कार्य से जुड़ा है-

उत्तर: स्कूल में मिड डे मील

High Knowledge MiX

28

राजस्थान के प्रमुख किसान आंदोलन

Q 1.) 1303 में चित्तौड़गढ़ के बाद अलाउद्दीन ने चित्तौड़ का नया नाम रखा था

a) खिज्राबाद

b) चित्तौड़गढ़

c) चित्तौड़

d) अभेद्य

Answer :- खिज्राबाद

Q 2.) महाराणा प्रताप के गीत सौतेले भाई को अकबर ने शाजापुर की जांगिड़ प्रदान की थी वह था

a) जगमाल

b) राणा पूंजा

c) महाराणा प्रताप

d) राज सिंह

Answer :- जगमाल

Q 3.) हल्दीघाटी के युद्ध में महाराणा प्रताप की भील सेना का कमांड था

a) राणा पूंजा

b) अकबर

c) महाराणा प्रताप

d) राज सिंह

Answer :- राणा पूंजा

Q 4.) निम्नलिखित किस राजपूत शासक द्वारा औरंगजेब के विरुद्ध विद्रोह किया गया था

a) महाराणा जय सिंह

b) महाराजा रायसिंह

c) महाराणा प्रताप

d) महाराणा सांगा

Answer :- महाराणा जय सिंह

Q 5.) मेवाड़ के किस शासक के समय में चांदी की खान से खनन फ्रॉम हुआ

a) लक्ष्मण सिंह

b) राज सिंह

c) महाराणा सांगा

d) महाराणा प्रताप

Answer :- लक्ष्मण सिंह

Q 6.) महाराणा प्रताप का जन्म किस वर्ष हुआ

a) 1540

b) 1535

c) 1533

d) 1530

Answer :- 1540

Q 7.) गुजरात के सुल्तान बहादुरशाह ने चितौड़गढ़ किले पर किस वर्ष हुआ क्या था

a) 1533

b) 1534

c) 1535

d) 1536

Answer :- 1533

Q 8.) किस राजवंश ने सातवीं शताब्दी शताब्दी तक चितौड़गढ़ किले पर शासन किया

a) ख्वाजा

b) महाराणा

c) मराठा

d) सिसोदिया

Answer :- सिसोदिया

Q 9.) अलाउद्दीन खिलजी और निवासियों के बीच चितौड़गढ़ की घेराबंदी किस वर्ष हुई थी

a) 1305

b) 1306

c) 1309

d) 1303

Answer :- 1303

Q 10.) 15 वी सताब्दी में महाराणा कुमार ने मालवा और गुजरात के मुस्लिम शासकों को पराजित करके अपनी विजय को और बनाने के लिए किस का निर्माण करवाया

a) किले का

b) विजय स्तंभ

c) हवेली का

d) महल का

Answer :- विजय स्तंभ

Q 11.) महाराणा प्रताप ने चावंड को अपनी राजधानी बनाया जो मेवाड़ की राजधानी रहा

a) 1615

b) 1617

c) 1619

d) 1620

Answer :-1615

Q 12.) महाराणा कुंभा को किस वाद्ययंत्र में दक्षता हासिल की

a) वीणा

b) बांसुरी

c) मजीरा

d) सारंगी

Answer :- वीणा

Q 13.) 1578 ई में कुंभलगढ़ पर किसने आक्रमण किया

a) शहजब खान

b) इब्राहिम लोदी

c) अकबर

d) शेरशाह सूरी

Answer :- शहजब खान

Q 14.) चितौड़गढ़ का तीसरा साका कब हुआ

a) 1570

b) 1568

c) 1565

d) 1560

Answer :- 1568

Q 15.) महाराणा कुंभा द्वारा रचित ग्रंथ संगीत राज कितने क्वेश्चन में विभक्त है

a) 2

b) 3

c) 4

d) 5

Answer :- 5

Q 16.) 1559 ई में मेवाड़ का शासक कौन बना

a) राणा संग्राम सिंह

b) महाराणा उदय सिंह

c) मालदेव

d) महाराणा सांगा

Answer :- महाराणा उदय सिंह

Q 17.) महाराणा प्रताप कालीन मेवाड़ की अंतिम राजधानी कहां पर थी

a) चावंड

b) गोगुंदा

c) चंपानेरी

d) कुंभलगढ़

Answer :- चावंड

Q 18.) चंपानेर की संधि किन राज्यों के बीच हुई

a) मालवाड़ा गुजरात

b) उदयपुर कुंभलगढ़

c) उदयपुर चित्तौड़गढ़

d) चित्तौड़गढ़ जयपुर

Answer :- मालवाड़ा गुजरात

Q 19.) महाराणा प्रताप का राज्याभिषेक कहां हुआ था

a) गोगुंदा में

b) कुंभलगढ़

c) चित्तौड़गढ़

d) उदयपुर

Answer :- गोगुंदा में

Q 20.) अकबर द्वारा प्रताप के पास भेजा गया प्रथम राजदूत था

a) जलाल खान

b) हकीम खां सूरी

c) टोडरमल

d) मानसिंह

Answer :- जलाल खान

29

राजस्थान जनजाति आन्दोलन

राजस्थान जनजाति आन्दोलन

- ➤ राजस्थान में भीलों में जनजागृति लाने का श्रेय स्वामी दयानंद सरस्वती को है।
- ➤ स्वामी दयानंद सरस्वती ने आर्य समाज की स्थापना बम्बई में 10 अप्रैल 1875 को की।
- ➤ स्वामी दयानंद सरस्वती शुद्धि आंदोलन के प्रेणता थे।
- ➤ स्वामी दयानंद सरस्वती ने "वेदों की ओर लौटो" का नारा दिया।
- ➤ स्वामी दयानंद सरस्वती राजस्थान में तीन आयें।

1. 1865 में करौली में आए। यही पर पहली बार लोगों को 4 स्व शब्द दिये- स्वधर्म, स्वराज, स्वराष्ट्र, स्वभाषा।

2. 1883 में उदयपुर में आयें। यहीं पर उन्होंने परोपकारिणी सभा की स्थापना की। इसके प्रथम अध्यक्ष मेवाड़ महाराणा सज्जनसिंह थे।

3. 1883 में जोधपुर में आये। इस समय जोधपुर के महाराजा जसवंतसिंह द्वितीय थे और शाही नृत्यांगना नन्ही जान थी।

- ➤ स्वामी दयानंद सरस्वती की मृत्यु 1883 में अजमेर में हुई।

➤ स्वामी से प्रेरणा पाकर गुरू गोविंद गिरी ने भीलों में जनजागृति लाने का कार्य किया।

1) भगत आंदोलन –

➤ नेतृत्व – गुरू गोविंद गिरी

➤ जन्म – 1858 में बांसिया ग्राम (डुंगरपुर) में एक बंजारे के घर में

➤ कार्यक्षेत्र – मानगढ़ (बांसवाड़ा)

➤ गुरू गोविंद गिरी ने 1883 में सिरोही में "सम्प सभा" की स्थापना की।

➤ उद्देश्य –

1) भीलों को मौलिक अधिकारों के प्रति जागरूक करना

2) भील समाज में व्याप्त कुरीतियों को दूर करना

➤ 7 दिसंबर, 1908 को सम्प सभा का प्रथम वार्षिक अधिवेशन मानगढ़ धाम में आयोजित हुआ।

➤ 7 दिसंबर, 1913 को भीलों का द्वितीय वार्षिक अधिवेशन मानगढ़ में आयोजित हुआ, जिस पर कर्नल शैटर्न के नेतृत्व में मेवाड़ भील कौर के सैनिकों ने गोलीबारी की, जिसमें लगभग 1500 भील मारे गए। इस घटना को मानगढ़ हत्याकांड कहते हैं। गुरू गोविंद गिरी को गिरफ्तार कर लिया गया।

➤ गुरू गोविंद गिरी ने अपना अंतिम समय कम्बोई (गुजरात) में व्यतित किया।

➤ "भूरटिया नी मानू रे नी मानू" गुरू गोविंद गिरी का गीत है, जो आज भी भील क्षेत्र में प्रचलित है।

2) एकी आंदोलन/भोमट भील आंदोलन (1921)-

➤ उद्देश्य : भीलों में एकता स्थापित करना

➤ प्रणेता – मोतीलाल तेजावत (आदिवासियों का मसीहा, भीलों का संत मावजी)

➤ जन्म : कोल्यारी गांव (उदयपुर)

➤ कार्यस्थल – मातृकुंडिया धाम (चितौड़गढ़)

➤ भीलों ने मोतीलाल तेजावत के नेतृत्व में यह आंदोलन मातृकुंडिया धाम (राश्मी तहसील, जिला चितौड़गढ़) से प्रारम्भ किया।

➤ मातृकुंडिया धाम- मेवाड़/ राजस्थान का हरिद्वार

➤ 7 मार्च 1922 को भीलों ने मोतीलाल तेजावत के नेतृत्व में अजमेर के नीमड़ा गांव में भील सभा का आयोजन किया। इस सभा पर मेवाड़ भील कौर के सैनिकों ने गोलीबारी की, जिसमें लगभग 1200 भील मारे गए। इसे नीमड़ा कांड कहते हैं।

➤ इस घटना के बाद आंदोलन हिंसक हो गया, तब गांधी जी के कहने पर मोतीलाल तेजावत ने अंग्रेजों के समक्ष आत्मसमर्पण कर दिया।

3) मीणा आंदोलन –

➤ जयपुर में मीणा जनजाति के द्वारा चलाया गया।

➤ नेतृत्व- ठक्कर बापा

➤ कारण – अंग्रेजों द्वारा बनाए दो कानून

1) क्रिमिनल ट्राइब्स एक्ट, 1924

2) जयपुर राज्य जयराम पेशा कानून, 1930

➤ इन कानूनों के तहत प्रत्येक मीणा को पुलिस चौकी पर दैनिक हाजिरी देनी पड़ती थी।

➤ मीणाओं ने इसका विरोध करते हुए 1933 में मीणा क्षेत्रीय महासभा तथा अप्रैल 1944 में मीणा राज्य सुधार समिति (अध्यक्ष- पं. बंशीधर शर्मा) का गठन किया। परिणाम स्वरूप अंग्रेजों ने महिलाओं व बच्चों को दैनिक हाजिरी से मुक्त कर दिया।

➤ 28 अक्टूबर, 1946 को बागावास सम्मेलन आयोजित हुआ, जिसमें सभी चौकीदार मीणाओ ने अपने चौकीदारी के पदों से इस्तीफा दें दिया तथा अपना यादगार मुक्ति दिवस मनाया।

➤ अंततः 1952 में भारत सरकार ने इन दोनों कानूनों को निरस्त कर दिया।

आदिवासी आन्दोलन

भील आन्दोलन

नेतृत्व – गोविन्द गिरि(गुरू)

गोविन्द गिरि का जन्म 1818 में बांसिभर ग्राम(डुंगरपुर) में जन्म होता है इसका कार्य क्षेत्र डुंगरपुर व बांसवाड़ा था।
इन्होंने एक आन्दोलन भगत आन्दोलन/भगत पथ चलाया। इसका उद्देश्य भीलों में राजनैतिक जागृति लाने व शोषण व अत्याचार से मुक्त करवाने एवम् सामाजिक कुरीतियों का दुर करने हेतु।
    गोविन्द गिरि ने दयानन्द सरस्वती से प्रेरणा लेकर 1883 में सम्पसभा(सिरोही) की स्थापना की। सम्प सभा का प्रथम अधिवेशन मानगढ़ पहाड़ी(बांसवाड़ा) पर 1903 में आयोजित किया जाता है। 17 नवम्बर 1913 मानगढ़ पहाड़ी पर सम्प सभा का एक विशाल अधिवेशन हो रहा था और इस सभा पर मेवाड़-भील कोर ने अन्धाधुध गोलीबारी कि और 1500 भील मारे गये।

17 नवम्बर 2012 को मानगढ़ पहाड़ी पर शहीद स्मारक का निर्माण किया गया और इसका लोकार्पण मुख्यमंत्री अशोक महलोत ने किया।(100 वर्षों के पुरा होने पर) अश्विन पूर्णिमा को प्रतिवर्ष मानगढ़ पहाड़ी पर भीलों के मेलों का आयोजन किया जाता है।
गोविन्द गिरि के जेल(10 वर्ष कारावास) में जाने के बाद इसका नेतृत्व – मोतीलाल तेजावत करते है इसका जन्म 1886 में कोल्यारी ग्राम(उदयपुर) में ओसवाल(जैन) परिवार में हुआ।

मोतीलाल तेजावत को भीलों का मसीहा कहते है। भील इन्हें बावसी के नाम से पुकारते है। मोतीलाल तेजावत द्वारा एकी आन्दोलन चलाया गया। भोमट क्षेत्र में चलाने के कारण इसे भोमट आन्दोलन के नाम से भी जाना जाता है।

एकी आन्दोलन का प्रारम्भ 1921 में मातृकुण्डिया ग्राम(चित्तौड़गढ़) से हुआ।

इन्होंने भीलों का एक विशाल सम्मेल नीमड़ा(चित्तौड़गढ़) में 2 अप्रैल 1921 में आयोजित किया। और इनके सम्मेलन पर मेवाड़ भील कोर के सैनिकों द्वारा गोली बारी की और इसमें 1200 भील मारे जाते हैं।

इसको महात्मा गांधी ने जलियावाला बाग हत्याकाण्ड से भी भयानक बताया व इसे राजस्थान का दुसरा जलिया वाला बाग हत्याकाण्ड भी कहा जाता है। मोतीलाल तेजावत भूमिगत रहकर नेतृत्व करते है। 1929 में महात्मा गांधी के परामर्श से आत्म समर्पण कर दिया। इन्हें 6 वर्ष के लिए जेल हो जाती है।

¶मीणा आन्दोलन

जो मीणा खेती करने वालों को जागीदार मीणा कहलाये और जो चोरी डकैती करते उन्हे चैकीदार मीणा कहलाये।

मीणा दो प्रकार के थे –

1. जागीदार 2. चैकीदार

जयपुर रियासत 1924 में चैकीदार मीणाओं पर पाबंदी के लिये क्रिमिनल ट्राईव एक्ट लाया गया। 1930 मे जयपुर रियासत ने इनके लिए जरायम पेशा कानून लाई। इसमें प्रत्येक व्यस्क मीणा(स्त्री-पुरूष) को नजदीकी पुलिस थाने में हाजरी लगानी पड़ती थी।

1930 में मीणा क्षेत्रिय महासभा का गठन प. बन्शीहार शर्मा ने किया और मीणाओं के आन्दोलन इसी संस्था के अनुसार चलाये गये।

1944 में नीम का थाना सीकर में मीणाओं का एक विशाल सम्मेलन आयोजित किया जाता है जिसकी जैन मूनि भगन सागर महाराज द्वारा अध्यक्षता की जाति है। 1946 में आधुनिक जयपुर के निर्माता – मिर्जा इस्माईल(जयपुर के प्रधानमंत्री) जरामम पेशा कानून रद्द कर दिया।

30

राजस्थान का एकीकरण- I

प्र.1 राजस्थान का एकीकरण कितने चरणों में हुआ?

अ) 6

ब) 5

स) 7✔

द) 9

प्र.2 राजस्थान राज्य का वर्तमान स्वरूप किस तिथि को सामने आया?

अ) 01.11.1956✔

ब) 05.11.1956

स) 7.05.1956

द) 01.11.1947

प्र.3 मत्स्य संघ के प्रधानमंत्री कौन थे?

अ) हीरालाल शास्त्री

ब) गोकुल भाई भट्ट

स) जयनारायण व्यास

द) शोभाराम ✔

प्र.4 आधुनिक राजस्थान एकीकरण चरण के प्रधानमंत्री कौन थे?

अ) हीरालाल शास्त्री

ब) मोहनलाल सुखाड़िया ✔

स) शोभाराम कुमावत

द) इसमें से कोई नही

प्र.5 राजस्थान के एकीकरण के समय जोधपुर के महाराजा कौन थे?
अ) महाराजा भूपाल सिंह
ब) महाराजा भीम सिंह
स) महाराजा हनुवंत सिंह ✓
द) महाराजा सार्दुलसिंह

प्र.6 कोटा किस चरण में शामिल हुआ था?
अ) 3
ब) 4
स) 5
द) 2 ✓

प्र.7 किसको मत्स्य संघ का राजप्रमुख बनाया गया था?
अ) महाराजा भूपाल सिंह
ब) महाराजा हनुवंतसिंह
स) महाराजा सर्दुल सिंह
द) महाराजा उदयभान सिंह ✓

प्र.8 राजस्थान के एकीकरण के समय गंगानगर किस रियासत का भाग था?
अ) जोधपुर
ब) बीकानेर ✓
स) हनुमानगढ़
द) इसमें से कोई नही

प्र.9 अजमेर-मेरवाड़ा से संविधान सभा के सदस्य कौन थे?
अ) के.एम. मुंशी
ब) आर.के. यादव
स) मुकुट बिहारी भार्गव ✓
द) इसमे से कोई नही

प्र.10 सिरोही का राजस्थान संघ में विलय कितने चरणों में हुआ?
अ) 3
ब) 4
स) 1
द) 2 ✓

प्र.11 राजस्थान की क्षेत्रफल की दृष्टि से सबसे बड़ी रियासत कौनसी थी?

अ) जोधपुर ✓

ब) बीकानेर

स) जयपुर

द) कोटा

प्र.12 राजस्थान की क्षेत्रफल की दृष्टि से सबसे छोटी रियासत कौनसी है?

अ) करौली

ब) बासवाड़ा

स) शाहपुरा ✓

द) बीकानेर

प्र.13 राजस्थान के एकीकरण में कुल कितना समय लगा था?

अ) 8Y 8M 15D

ब) 7Y 7M 14D

स) 8Y 7M 15D

द) 8Y 7M 14D ✓

प्र. 14 राजस्थान की सबसे प्राचीन रियासत कौनसी थी?

अ) मारवाड़

ब) कोटा

स) जयपुर

द) मेवाड़ ✓

प्र.15 राजस्थान की सबसे नवीनतम रियासत कौनसी थी?

अ) शाहपुरा

ब) भीलवाड़ा

स) झालावाड़ा ✓

द) जालौर

प्र.16 महाराजा उदयसिंह को कितने तोपों की सलामी दी जाती थी?

अ) 17

ब) 19✔

स) 18

द) 20

प्र.17 राजास्थान के एकीकरण का श्रेय किसको दिया जाता है?

अ) सरदार पटेल ✔

ब) मोहनलाल सुखाड़िया

स) जयनारायण व्यास

द) इसमें से कोई नही

प्र. 18 वर्तमान राजस्थान के जनक किसे कहाँ जाता है?

अ) जयनारायण व्यास

ब) हीरालाल शास्त्री

स) गोकुल भाई भट्ट

द) मोहनलाल सुखाड़िया ✔

प्र.19 राजस्थान के किस रियासत को तोपों की सलामी नही दी जाती थी?

अ) कोटा व बीकानेर

ब) जोधपुर व मेवाड़

स) किशनगढ़ व शाहपुरा ✔

द) झालावाड़ा व करौली

प्र.20 मत्स्य राज्य की राजधानी कहाँ पर थी ?

अ) अलवर ✔

ब) भरतपुर

स) धौलपुर

द) नीमराना

प्र.21 राजस्थान दिवस कब मनाया जाता है?

अ) 25 मार्च

ब) 30 मार्च ✔

स) 25 अप्रेल

द) इसमें से कोई नहीं

प्र.22 राजस्थान के एकीकरण के समय देशी रियासतों की संख्या कितनी थी?

अ) 18

ब) 17

स) 21

द)19✔

प्र. 23 महाराव भीमसिंह का समंध किस रियासत से है?

अ) जयपुर

ब) जोधपुर

स) बीकनेर

द) कोटा ✔

प्र.24"मैं अपने डेथ वारंट पर हस्ताक्षर कर रहा हूँ" कथन किसने कहाँ था?

अ) शाहपुरा

ब) भीलवाड़ा

स) बासंवाडा ✔

द)प्रतापगढ़

प्र. 25 महाराजा भूपालसिंह किस वर्ष राजस्थान के राजप्रमुख बने थे?

अ) 1947

ब) 1949 ✔

स) 1948

द) 1950

प्र.26 D.P सत्यनारायण राव कमेटी के अनुचर राजस्थान शिक्षा विभाग का मुख्यालय किस जिले में स्थित किया गया था?

अ) अजमेर

ब) जयपुर

स)कोटा

द) बीकानेर ✔

प्र.27 एकीकरण की प्रक्रिया में सबसे अंत में शामिल होने वाली रियासत कौनसी थी?

अ) बांसवाडा ✔

ब) सिरोही

स) बीकानेर

द) नगौर

प्र.28 राजस्थान आन्दोलन समिति का गठन किसकी अधक्षता में की गई थी?

अ) राममनोहर लोहिया

ब) जयप्रकाश नरायण ✔

स) सरदार पटेल

द) जयनारयण व्यास

प्र.29 वृहत राजस्थान के प्रधानमंत्री थे?

अ) हीरालाल शास्त्री ✔

ब) शोभाराम कुमावत

स) जयप्रकाश नारायण

द) जयनारायण व्यास

प्र. 30 वृहद राजस्थान के " महाराजा प्रमुख" कौन नियुक्त किये गए थे?

अ) महाराजा हनुवत सिंह

ब) महाराजा उदयसिंह

स) महाराजा मानसिंह 2nd

द) महराजा भूपालसिंह ✔

31

राजस्थान का एकीकरण- ॥

Q 1.) कंगल काण्ड किस प्रजामंडल आंदोलन के दौरान घटित हुआ

a) बीकानेर प्रजामंडल

b) जोधपुर प्रजामंडल

c) बाड़मेर प्रजामंडल

d) जयपुर प्रजामंडल

Answer :- a) बीकानेर प्रजामंडल

Q 2.) राजस्थान प्राच्य विधा प्रतिष्ठान स्थित है

a) जैसलमेर

b) जोधपुर

c) कोटा

d) जयपुर

Answer :-b) जोधपुर

Q 3.) रुपायन संस्थान बोरूंदा की स्थापना कब की गई

a) 1977

b) 1967

c) 1960

d) 1983

Answer :- c) 1960

Q 4.) राजस्थानी साहित्य अकादमी का मुख्यालय कहां स्थित है

a) उदयपुर

b) सिरोही

c) सीकर

d) जयपुर

Answer :-a) उदयपुर

Q 5.) 1936 में मघाराम ने बीकानेर प्रजामंडल की स्थापना किस स्थान पर थी

a) जैसलमेर

b) बाड़मेर

c) नागौर

d) बीकानेर

Answer :-b) बाड़मेर

Q 6.) प्रथम प्रजामंडल की स्थापना किस रियासत ने की गई

a) अलवर

b) भरतपुर

c) जयपुर

d) कोटा

Answer :-c) जयपुर

Q 7.) किस राजपूत राज्य के प्रजामंडल की स्थापना कलकता में की गई थी

a) बीकानेर प्रजामंडल

b) बाड़मेर प्रजामंडल

c) जयपुर प्रजामंडल

d)कोटा प्रजामंडल

Answer :-a) बीकानेर प्रजामंडल

Q 8.) राजस्थान अपने वर्तमान स्वरूप में आया है

a) 1951

b) 1956

c) 1948

d) 1961

Answer :-b) 1956

Q 9.) राजस्थान में राजप्रमुख का पद कब समाप्त किया गया

a) 1नवम्बर 1956

b) 3 नवम्बर 1961

c) 2 दिसम्बर 1955

d) 6दिसम्बर 1952

Answer :-a) 1नवम्बर 1956

Q 10.) मेवाड़ पुकार 21 सूत्री मांगपत्र का संबंध किससे था

a) माणिक्य लाल वर्मा

b) मोतीलाल तेजावत

c) सागरमल गोपा

d) गोविंद गिरी

Answer :-b) मोतीलाल तेजावत

Q 11.) 18 मार्च 1948 को मत्स्य संघ का उद्घाटन हुआ

a) बीकानेर

b) जयपुर

c) अलवर

d) कोट

Answer :-c) अलवर

Q 12.) मत्स्य संघ का प्रथम राजप्रमुख किस रियासत का शासक बना

a) अलवर

b) करौली

c)धौलपुर

d)कोटा

Answer :-c) धौलपुर

Q 13.) 30 मार्च 1949 स्थापित बृहद राजस्थान के प्रथम प्रधानमंत्री कौन थे

a) हीरालाल शास्त्री

b) डॉ राजेंद्र प्रसाद

c) सागरमल गोपा

d) मोतीलाल तेजावत

Answer :-a) हीरालाल शास्त्री

Q 14.) सागरमल गोपा का सामान किस रियासत से है

a) जैसलमेर

b) बाड़मेर

c) बीकानेर

d) टोंक

Answer :-a) जैसलमेर

Q 15.) सिरोही का राजस्थान में विलय कितने चरणों में पूर्ण हुआ

a) 1

b) 5

c) 2

d) 7

Answer :-c) 2

Q 16.) राजस्थान के एकीकरण के समय श्रीगंगानगर किस रियासत का भाग था

a) बाड़मेर

b) जैसलमेर

c) बीकानेर

d) अलवर

Answer :-c) बीकानेर

Q 17.) राजपूताना की किस रियासत में आजाद मोर्चे की स्थापना हुई

a) जयपुर

b) करौली

c) जोधपुर

d) धौलपुर

Answer :-a) जयपुर

Q 18.) राजस्थान में नागरी प्रचारिणी सभा की स्थापना कब हुई

a) 1941

b) 1939

c) 1934

d)1951

Answer :-c) 1934

Q 19.) अखयशाही सिक्के किस रियासत में प्रचलित थे

a) कोटा

b) अलवर

c) टोंक

d) जैसलमेर

Answer :-d) जैसलमेर

Q 20.) राजस्थान की प्रथम निर्वाचित लोकतांत्रिक सरकार का गठन हुआ

a) 3 मार्च 1956

b) 3मार्च 1951

c) 3मार्च 1952

d) 2 अप्रैल 1952

Answer :-c) 3मार्च 1952

32

राजस्थान की लोकदेवता और लोकदेवियां - I

प्र.1 पाबूजी को किसका अवतार मन जाता है?
उत्तर- लक्ष्मण का

प्र.2 नेजा क्या है?
उत्तर- रामदेव जी की पंचरंगी पतगा

प्र.3 राजस्थान के लोकदेवता हरबुजी का जन्म कहाँ पर हुआ था?
उत्तर- नागौर

प्र.4 राजस्थान का लोकदेवता गोगाजी का जन्म कहाँ पर हुआ था?
उत्तर- ददरेवा

प्र.5 लटियाल देवी का मंदिर कहाँ पर है?
उत्तर- फलौदी

प्र.6 तेजाजी का का जन्म स्थान कहाँ पर है?
उत्तर- खरनाल

प्र.7 "धुरमेडी" स्थान किस लोकदेवता से सम्न्धित है?

उत्तर- गोगाजी

प्र.8 सांभर झील में किस देवी का मंदिर है?
उत्तर- शाकम्भरी देवी

प्र.9 सांपो के देवता के रूप में पूजे जाते है?
उत्तर- तेजाजी

प्र. 10 कंठेसरी माता किसकी लोकदेवी मानी जाती है?
उत्तर- आदिवासिओं की

शिक्षा समाचार व सामान्य ज्ञान के पीडीएफ प्राप्त करने के लिए यहां क्लिक करके टेलीग्राम ग्रुप ज्वाइन करें
प्र.11 भारतीय डाक विभाग ने किस लोकदेवता की फड़ पर डाक टिकट जारी किया गया है?
उत्तर- देवनारायण

प्र.12चूहों वाली देवी के नाम से विख्यात कौनसी लोकदेवी है?
उत्तर- करणी माता

प्र. 13 आवरी माता का मंदिर कहाँ पर है?
उत्तर- निकुम्भ चितोद्गढ़

प्र.14 बाबा रामदेव का मेला किस मास में लगता है?
उत्तर- भाद्रपद

प्र.15 गोरक्षा के लिए प्राणोत्सर्ग करने वाला और सर्पदंश से मुक्तिदाता माने जाने वाले राजस्थान के पीर का नाम है?
उत्तर-गोगाजी

प्र.16 रुणिचा क्यों प्रसिद्ध है?
उत्तर- बाबा रामदेव

प्र.17 बाबा रामदेव ने किस सम्प्रदाय की स्थापना की
उत्तर- कामडियाँ समप्रदाय

प्र.18 शीलादेवी मंदिर कहाँ पर स्थित है?
उत्तर- आमेर

प्र.19 लोकदेवता तेजाजी महाराज का पवित्र तीर्थ स्थल बांसी दुगरी कहाँ पर स्थित है
उत्तर- बूंदी

प्र.20 खंडित प्रतिमा के रूप में किस देवी की पूजा की जाती है?
उत्तर- शीतला माता

प्र.21 थार की वैष्णो देवी किसे कहते है?
उत्तर- तनोट माता को

प्र/22 लोकदेवता रामदेवजी का वाहन कौनसा है?
उत्तर- घोडा

प्र.23 तैंतीस करोड़ देवी-देवताओ की साल कहाँ पर स्थित है?
उत्तर- मंडोर जोधपुर

प्र.24 किस देवी को कभी मांस का भोग नहीं लगाया जाता है?
उत्तर- कैला देवी

प्र.25 वह लोकदेवता जो गोगाजी की भांति नागो का देवता के रूप में प्रसिद्ध है?
उत्तर- तेजाजी

प्र.26 राजस्थान के सर्वाधिक महत्पूर्ण देवता माने जाते है?
उत्तर- तेजाजी

प्र.27 राजस्थान के किस लोकदेवता का समन्ध गागरोन से था?
उत्तर- संत पीपा

प्र.28 सच्चियाय माता किसकी देवी है?
उत्तर- ओसवालों की

प्र. 29 बाणमाता कुल देवी की आराधना होतीहै ?
उत्तर- मेवाड़

प्र.30 जोधपुर के राठोड़ो के कुलदेवी जिसके 18 हाथ है उनका क्या नाम है?
उत्तर- नागनेची माता

प्र.31 त्रिपुर सुन्दरी का मंदिर किस जिले में है?
उत्तर- बांसवाडा

प्र.32 लोकदेवी जीणमाता का मंदिर स्थित है?
उत्तर- सीकर

प्र.33 जैसलमेर के भाटी राजपूत किस देवी की पूजा करते है?
उत्तर- आवड. माता

प्र. 35 मल्लिनाथ का मंदिर कहाँ पर स्थित है?
उत्तर- बाड़मेर

प्र.36 सुंधा माता का मंदिर कहाँ पर है?
उत्तर- जालोर

प्र. 37 जीणमाता कौनसे राजपूत वंश की कुलदेवी है?
उत्तर- चौहान वंश

प्र.38 लोकदेवता तेजाजी का मेला कहाँ पर लगता है?
उत्तर- परबतसर

प्र 39 "तेहरातली न्रत्य" किस लोकदेवता को समर्पित है?

उत्तर- रामदेवजी

प्र 40 राजस्थान में ऊंट के बीमार होने पर किस लोकदेवता की पूजा की जाती है?
उत्तर- गोगाजी

प्र.41 जैसलमेर के नरेश कुलदेवी के रूप में किस देवी की पूजा करते है?
उत्तर- स्वान्गीय माता

प्र 42 राजस्थान के वह लोकदेवता जिसने महमूद गजनवी के साथ युद्ध किया था?
उत्तर- गोगाजी

प्र.43 लोकदेवता गोगाजी का थान सामन्यात किस पेड़ के निचे होता है?
उत्तर- खेजड़ी

प्र.44 बाबा रामदेवजी की माता का क्या नाम था?
उत्तर- मेणादे

प्र.45 किस लोकदेवता की फड़ सबसे ज्यादा लोकप्रिय है?
उत्तर- पाबूजी

प्र. 46 सैनिको की देवी के रूप में प्रसिद्द है?
उत्तर- तनोड़ माता

प्र.47 प्लेग रक्षक देवता के रूप में प्रसिद्ध देवता है?
उत्तर- पाबूजी

प्र. 48 एकमात्र लोकदेवता जो कवि थे?
उत्तर- रामदेव जी

प्र. 49 वीर तेजाजी की घोड़ी का क्या नाम था?
उत्तर- लीलण

प्र.50 किस लोकदेवता के मंदिर की बनावट मकबरेनुमा है?
उत्तर- गोगाजी

33

राजस्थान की लोकदेवता और लोकदेवियां - II

प्रश्न1 करणी माता का मंदिर कहां पर है?

उत्तर- देशनोक

प्रश्न2 चूहों का मंदिर है?

उत्तर- करणी माता

प्रश्न3 तनोट देवी का मंदिर कहां पर स्थित है?

उत्तर- जैसलमेर में

प्रश्न4 राजस्थान लोक साहित्य में किस देवी का गीत सबसे लंबा है?

उत्तर- जीण माता का

प्रश्न5 जोधपुर के राठौड़ों की देवी, जिसकी 18 भुजाएं हैं कौन सी है?

उत्तर- नागणेची

प्रश्न6 त्रिपुरा सुंदरी (धूर्त आई माता) का मंदिर राजस्थान के किस जिले में है?

उत्तर- बांसवाड़ा

प्रश्न7 घेवर माता का मंदिर किस झील के किनारे स्थित है

उत्तर- राजसमंद

प्रश्न8 चौहान वंश की कुलदेवी है?

उत्तर- शाकम्भरी

प्रश्न9 सुधामाता का मंदिर कहां पर स्थित है?

उत्तर- जालौर

प्रश्न10 आशापुरा माता किस वंश की कुलदेवी है?

उत्तर- चौहान

प्रश्न11 जैसलमेर के नरेश कुलदेवी के रूप में किस देवी की पूजा करते थे?

उत्तर- स्वांगिया

प्रश्न12 लोकदेवी जीण माता का मंदिर कहां पर स्थित है?

उत्तर- सीकर

प्रश्न13 आमेर में शिला देवी का मंदिर किसने बनवाया था?

उत्तर- मानसिंह

Read Also : Nickname of Rajasthan Cities

प्रश्न14 ' लांगुरिया' लोकगीत कौन सा गीत है?

उत्तर- भक्ति गीत

प्रश्न15 करणी माता का मंदिर कहां पर स्थित है?

उत्तर- बीकानेर

प्रश्न16 केला देवी का विश्व प्रसिद्ध मंदिर राजस्थान के किस जिले में स्थित है?

उत्तर- करौली

प्रश्न17 कुशाल माता का भव्य मंदिर जिसका निर्माण महाराणा कुंभा ने कराया कहां पर स्थित है?

उत्तर- बदनौर

प्रश्न18 राणी सती का मंदिर कहां पर स्थित है?

उत्तर- झुंझुनू में

प्रश्न19 केला देवी का मेला कब लगता है?

उत्तर- चैत्र शुक्ल पक्ष में

प्रश्न20 करौली क्षेत्र में ' कैला देवी' की आराधना में गाए जाने वाले गीत को क्या कहते हैं?

उत्तर- लंगुरिया

प्रश्न21 आवरी माता का मंदिर कहां पर स्थित है?

उत्तर- निकुंभ में

प्रश्न22 बाण माता कुलदेवी की आराधना कहां पर होती है?

उत्तर- मेवाड़

प्रश्न23 सुगाली माता किसकी लोक देवी हैं?

उत्तर- आऊवा

प्रश्न24 अन्नपूर्णा देवी किस राज परिवार की आराध्य देवी है?

उत्तर- कछवाहा

प्रश्न1 भारतीय डाक विभाग ने किस लोक देवता की फड़ पर डाक टिकट जारी किया है?

उत्तर- देवनारायण जी

प्रश्न2 राइका जाति की आराध्य लोक देव कौन से हैं?

उत्तर- पाबूजी

प्रश्न3 ऊंटो के देवता के नाम से कौन प्रसिद्ध है?

उत्तर- पाबूजी

प्रश्न4 तेरहताली नृत्य किस देवता की उपासना में किया जाता है?

उत्तर- रामदेव जी

प्रश्न5 लोक देवता मल्लीनाथ का मंदिर कहां पर स्थित है?

उत्तर- बाड़मेर

प्रश्न6 लोक देवता रामदेव जी का वाहन है?

उत्तर- नीली घोड़ी (लीला)

प्रश्न7 तेजाजी का जन्म कहां पर हुआ?

उत्तर- खडनाल

ये भी जाने : Rajasthan Current Affairs important Questions

प्रश्न8 सांथू गांव में किस लोक देवता का विशाल मंदिर है,जहां प्रतिवर्ष भदवा सुदी नवमी को मेला लगता है?

उत्तर- फताजी

प्रश्न9 राजस्थान का वह लोक देवता जिसने महमूद गजनवी से युद्ध किया?

उत्तर- गोगाजी

प्रश्न10 सांपों की देवता के रूप में कौन पूजे जाते हैं?

उत्तर- तेजाजी

प्रश्न11 राजस्थान के किस लोक देवता का संबंध कोलू गांव से है?

उत्तर- पाबूजी

प्रश्न12 गोगाजी का थान किस वृक्ष के नीचे होता है?

उत्तर- खेजड़ी

प्रश्न13 गोगाजी का धड़ कहां गिरा?

उत्तर- गोंडामेंडी

प्रश्न14 वे कौन से लोक देवता हैं जिनकी आराधना इसीलिए की जाती है क्योंकि उन्होंने गुर्जरों की गायों को मेवों से छुड़वाने हेतु अपने जीवन की आहुति दी?

उत्तर- तेजाजी

प्रश्न15 एकमात्र लोक देवता जो कवि भी थे?

उत्तर- रामदेवजी

प्रश्न16 वीर तेजाजी की घोड़ी का क्या नाम था?

उत्तर- लीलण

प्रश्न17किस लोक देवता के मंदिर में बनावट मकवेरनुमा है?

उत्तर- गोगाजी

प्रश्न18 बाबा रामदेव जी की माता का क्या नाम है?

उत्तर- मैणा दे

प्रश्न19 लोकनाट्य के रूप में ' पाबूजी की फड़' अत्यंत लोकप्रिय है, पाबूजी हैं?

उत्तर – लोक देवता

प्रश्न20 रुणेचा क्यों प्रसिद्ध है?

उत्तर- बाबा रामदेव

34

राजस्थान का साहित्य

1. राजस्थान की सबसे प्राचीन ख्यात है

(a) मुहणोत नैणसी री ख्यात

(b) बांकीदास री ख्यात

(c) दयालदास री ख्यात

(d) कोई नहीं

   Ans:-(a)

2.' मतीरां रौ भारौ बांधणौ ' से आशय है

(a) मूर्ख समूह को संगठित करने का असफल प्रयास

(b) फसादी आदमी को छोड़ना

(c) किसी बात को व्यर्थ में पकड़े रहना

(d) बदनामी किसी को स्वीकार्य नहीं होती

   Ans:-(a)

3.महाराणा कुंभा द्वारा रचित चार नाटकों में कीर्ति स्तम्भ लेख के अनुसार किस भाषा का प्रयोग किया गया था ?

(a) मेवाड़ी

(b) नागर

(c) मारवाड़ी

(d) कोई नहीं

   Ans:- (a)

4.पार्श्वनाथ चरित्र ग्रन्थ के रचियता है ?

(a) नाल्ह

(b) हरिभद्र सूरी

(c) श्रीधर

(d) हरिसेन

Ans:-(a)

5.जोधपुर के महाराजा मानसिंह के काव्य गुरु थे ?

(a) सूर्यमल्ल मिश्रण

(b) कुशललाभ

(c) हेमचन्द्र

(d) बाँकीदास

Ans:- (d)

6.जोधराज का हम्मीर रासो महाकाव्य , शंकर राव का भीम विलास काव्य , अलीबखशी ख्याल आदि की रचना किस बोली में की गई हैं ?

(a) मेवाड़ी

(b) अहीरवाटी

(c) तोरावाटी

(d) मालवी

Ans:-(b)

7. महाराजा प्रतापसिंह द्वारा लिखित ग्रंथों में से कौनसा ग्रंथ निम्नलिखित में शामिल नहीं हैं ?

(a) नीति – मंजरी

(b) रंग – चौफड़

(c) वैराग्य – मंजरी

(d) सुरसती

Ans:- (d)

8. निम्न में से कौनसा ग्रंथ शिल्प शास्त्री मंडन द्वारा लिखित नहीं है ?

(a) प्रसाद मंडन

(b) रूप मंडन

(c) कला मंडन

(d) वास्तुसार मंडन

Ans:- (c)

9. रणथम्भौर के चौहान शासकों का वर्णन किस ग्रंथ में है ?

(a) हम्मीर महाकाव्य (नयनचन्द्र सूरि)

(b) कुवलयमाला (उद्योतन सूरि)

(c) राजरूपक (वीरभाण)

(d) खुमाणरासो (दलपत विजय)

Ans:-(a)

10. जालौर दुर्ग में वीर कान्हड़देव सोनगरा और उसके पुत्र वीरमदेव तथा अलाउद्दीन खिलजी के मध्य सन् 1311-12 में हुए युद्ध का वर्णन प्रसिद्ध ग्रंथ ' कान्हड़दे प्रबंध ' में

किया गया है । इस ग्रंथ की रचना किसने की ?

(a) वीरभाण

(b) कवि पद्मनाभ

(c) सारंग व्यास

(d) कवि अत्रि

    Ans:- (b)

11. निम्न में से किस साहित्यकार ने सन् 1955 में चौपासनी (जोधपुर) में राजस्थानी शोध संस्थान ' की स्थापना की ?

(a) सत्यप्रकाश जोशी

(b) डॉ . नारायण सिंह भाटी

(c) कुंदन माली

(d) उदयवीर शर्मा

    Ans:-(b)

12. ' वेलि – क्रिसन – रुक्मणि री ' के लेखक है

(a) पृथ्वीराज राठौड़

(b) श्री ईसरदास

(c) प्रतापसिंह महाराजा

(d) बांकीदास

    Ans:-(a)

13. प्रेम और शृंगार का सरस लोक काव्य ' ढोला मारू रा दूहा ' के रचयिता है ?

(a) माघ

(b) मुरारीदान

(c) दलपत विजय

(d) कवि कल्लोल

    Ans:-(d)

14. अम्बिका दत्त व्यास द्वारा रचित राजस्थान का पहला हिन्दी उपन्यास ' अबलाओं का इंसाफ ' कब प्रकाशित हुआ ?

(a) 1927 ई .

(b) 1935 ई .

(c) 1930 ई .

(d) 1952 ई .

    Ans:- (a)

15. ' अनौपचारिका ' (1978) पत्रिका की शुरूआत किसने की

(a) रानी लक्ष्मीकुमारी

(b) रमेश धानवी

(c) रावत सारस्वत

(d) रेवतीदास चारण

Ans:- (b)

16. मारवाड़ी के साहित्यिक रूप को क्या कहा जाता हैं ?

(a) डिंगल

(b) पिंगल

(c) मिंगल

(d) सिंगल

Ans:-(a)

17. राजस्थानी साहित्य की रचना ' अचलदास खींची री वचनिका ' के लेखक कौन हैं ?

(a) अचलदास खींची

(b) शिवदास गाड़ण

(c) नरपति नाल्ह

(d) पद्मनाभ

Ans:- (b)

18. दुरसा आढ़ा किस शासक के दरबारी कवि थे ?

(a) महाराजा जसवंतसिंह

(b) महाराणा राजसिंह

(c) हुमायूँ

(d) अकबर

Ans:-(b)

19. लोक कथाओं पर आधारित ' माँ से बदलो ' व ' तीड़ौराव ' नामक उपन्यास के रचयिता हैं

(a) विजयदान देथा

(b) अम्बिका दत्त

(c) रायसिंह

(d) चंद्रप्रकाश देवल

Ans:-(a)

20. ' भारत के प्राचीन राजवंश ' व ' राजा भोज ' कृतियों के रचनाकार हैं

(a) महाराज चतुरसिंह

(b) जगसिंह गहलोत

(c) विश्वेश्वरनाथ

(d) रेतवी चारण

Ans:-(a)

21. राजस्थान ब्रजभाषा अकादमी कहाँ स्थित है ?

(a) भरतपुर

(b) जयपुर

(c) धौलपुर

(d) बीकानेर

Ans:-(b)

22. हम्मीर महाकाव्य में चौहानों को बताया गया है ?

(a) यदुवंशी

(b) सूर्यवंशी

(c) ब्राह्मण

(d) चन्द्रवंशी

Ans:- (b)

23. बीकानेर के महाराजा अनूप सिंह द्वारा रचित ग्रंथ है ?

(a) न्याभिषेक पद्धति

(b) कौतुक सरोद्वार

(c) अनूप रत्नावली

(d) उपरोक्त सभी

Ans:-(d)

24. किसी वंश अथवा व्यक्ति विशेष की उपलब्धियों या घटना विशेष पर प्रकाश डालने वाली कृतियाँ क्या कहलाती हैं ?

(a) प्रकाश

(b) वचनिका

(c) दवावैत

(d) रासो

Ans:- (a)

25. राजस्थानी ललित निबंध विधा के शुभारंभ का श्रेय किस प्रसिद्ध इतिहासकार को प्राप्त है ।

(a) मनोहर पाल

(b) जगदीश सिंह राठौड़

(c) जहूर खाँ मेहर

(d) डॉ . नारायण सिंह भाटी

Ans:-(c)

26.राजस्थानी चारण साहित्य का ऐतिहासिक सर्व ‘ व ‘ पश्चिमी राजस्थान का व्याकरण ‘ का संबंध निम्न में से किस विद्धान से हैं ?

(a) डॉ.एल.पी.टैस्सीटोरी

(b) जॉर्ज अब्राहम ग्रियर्सन

(c) कर्नल जेम्स टॉड

(d) कोई नहीं

    Ans:-(a)

27. राजस्थानी साहित्य के वीरगाथा काल के प्रथम कवि कौन माने जाते हैं ?

(a) महादेवी वर्मा

(b) शालिभद्र सूरी

(c) जीवाधर

(d) प्राची देसाई

    Ans:-(b)

28. कौनसी ख्यात यह बात कहती है कि जहाँगीर की पत्नी जोधाबाई एक दासी पुत्री थी ?

(a) बांकीदास ख्यात

(b) राव जैसल री ख्यात

(c) मुण्डियार री ख्यात

(d) मुहणौत नैणसी री ख्यात

    Ans:- (c)

29. ' अवतार चरित्र ' व ' रामचरित्र कथा ' नामक ग्रंथों की रचना किसने की थी ?

(a) नरहरिदास

(b) मुहणौत नैणसी

(c) दलपत मिश्र

(d) जसवन्तसिंह

    Ans:-(a)

30. ' पत्र- प्रशस्ति ' व ' पवन पश्चिम ' ग्रन्थ किसके द्वारा रचित है ?

(a) मानसिंह

(b) दलपतराज

(c) जगन्नाथ

(d) मुरारीदास

    Ans:- (b)

35

राजस्थान आभूषण

पुरुषों के आभूषण

* सिर के आभूषण— मुकुट, कलंगी, सिरपेच, सेहरा ।

* कान के आभूषण—मुरकी, ओगनिया, झेला, लूंग , गुडदा

* गले में पहने जाने वाले आभूषण कंठा, साँकली, चौकी या फूल मूरत, ठाला।

* हाथ में पहने जाने वाले आभूषण कड़ा, ताती, माठी।

महिलाओं के आभूषण

*सिर पर पहनने वाले आभूषण शीशफूल, रखड़ी, बोर, टिकड़ा, मेमन्द।

*मस्तक पर पहनने वाले गहने बोरला, टीका, माँग टीका, सांकली,सूर माँग, दामिनी व ताबित।

* नाक में पहने जाने वाले आभूषण बेसरी, नथ, चोप, जोधा नथ, लौंग, फीणी, चूनी, लटकन, भंवरिया , बुलाक,आदि।

* कान में पहनने के आभूषण–झुमका, फूल व टॉप्स, बाली, पत्ती, सुरलिया, कर्णफूल, ऐरंग पत्ता, भूचारिया, पानड़ी, टोटी, पाटीसूलिया,ओगनिया, जमेला, पीपलपत्ता, अंगोट्या।

*गले में पहनने के आभूषण–झालर, जंतर, कंठी, हमेल, जंजीर, कंठी, हारकण्ठी, मटरमाला, ठुस्सी, मोहरन, चम्पाकली, हालरो, मंडली, हंसली (खुंगाली), पंचलड़ी, तिमणियाँ, तुलसी, मोहनमाला, चन्द्रहार, हंसहार, पोत, मूठ, पातो, आड, बजण्टी, मादलिया, रामनामी।

* कलाई पर पहनने वाले गहने-— गजरा, गोखरु, चूड़ियाँ, कड़ा, चूड़ा, हथफूल, बँगड़ी, काँकनी, पूंचियो, आँवला, नोगरी।

* बाजू पर पहनने वाले गहने गजरा, चूड़ली, बाजूबन्द, तकया, बट्टा, हारपान व नवरत्न, ठड्डा, अनंत ।

* अँगुलियाँ में पहने जाने वाले आभूषण—बींटी, अँगूठी, मूंदड़ी, अरसी, हथपान, दमणा ।

* कमर में पहनने के गहने कंदोर/कंडोर, जंजीर, तागड़ी/ तगड़ी करधनी, कणकती, सटका आदि।

* पैरों में पहनने वाले आभूषण कड़ा, नेवरी, कड़ला, पायजेब, पायल, नंकुम, गोव्वया, फोलरी (पोलरी), बिछुड़ी, जोधपुरी जोड़, घुंघरु, झांझर हिरना मैन व लछने, तोरी/तोड़ी, टनका।

ॐ

Email us - spreadingdreams@gmail.com

www.ingramcontent.com/pod-product-compliance
Lightning Source LLC
Chambersburg PA
CBHW070852160726
48004CB00003B/1047